Reinhard Mieschala
Eberhard von Puttkamer

Bayerischer
Biergartenführer

Reinhard Mieschala
Eberhard von Puttkamer

Bayerischer
Biergartenführer

98 Farbabbildungen und
eine Übersichtskarte

STEIGER
VERLAG

st

Die Autoren:
Die beiden Autoren kennen Bayern durch ihre beruflichen Tätigkeiten und durch viele Motorradtouren bis in den letzten Winkel. **Reinhard Mieschala** (RM), Oberpfälzer, Feinschmecker und Hobbykoch, stellt die Biergärten Nordbayerns vor. **Eberhard von Puttkamer** (EvP), Oberbayer und Fotograf aus Leidenschaft, beschreibt die Biergärten im Süden.

Die Deutsche Bibliothek – CIP-Einheitsaufnahme

Bayrischer Biergartenführer / Reinhard Mieschala ;
Eberhard von Puttkamer. – Augsburg : Steiger, 1997
 ISBN 3-89652-035-0

Alle Informationen und Hinweise ohne jede Gewähr und Haftung.

Gedruckt auf chlorfrei gebleichtem Papier.

Steiger Verlag
©1997 Weltbild Verlag GmbH, Augsburg
Alle Rechte vorbehalten
Konzeption: Dr. Petra Altmann
Lektorat: Frank Heins
Kartenskizze: Ingenieurbüro für Kartographie Heidi Schmalfuß, München
Umschlaggestaltung und Layoutentwurf: Petra Pawletko, Augsburg
Satz und Layout: Gesetzt aus Frutiger und Neue Helvetica von Vera Faßbender, Weltbild Verlag, Augsburg
Reproduktion: Repro Ludwig, A-Zell am See
Druck und Bindung: Appl, Wemding

Einbandvorderseite: Schloßbräukeller Au in der Hallertau; S. 1: Waldwirtschaft Großhesselohe; S. 2/3: Altomünster.
Bildnachweis: S. 1: Waldwirtschaft Großhesselohe; S. 14: Klosterbrauerei Andechs (Foto: Gerhard Knülle); S. 15: Klostergasthof Andechs, A. Urban; S. 23: Fremdenverkehrsverein Augsburg; S. 38: Verlag Weiß, Deggendorf; S. 68: Thaddäus-Garten, Kaisheim; S. 90: Fremdenverkehrsamt München (Foto: Robert Hetz); S. 92: Waldwirtschaft Großhesselohe; S. 129: Fremdenverkehrsamt Regensburg (Foto: Ferstl). Sofern nicht anders angegeben, stammen alle Abbildungen von Reinhard Mieschala und Eberhard von Puttkamer.

Printed in Germany

ISBN 3-89652-035-0

Inhalt

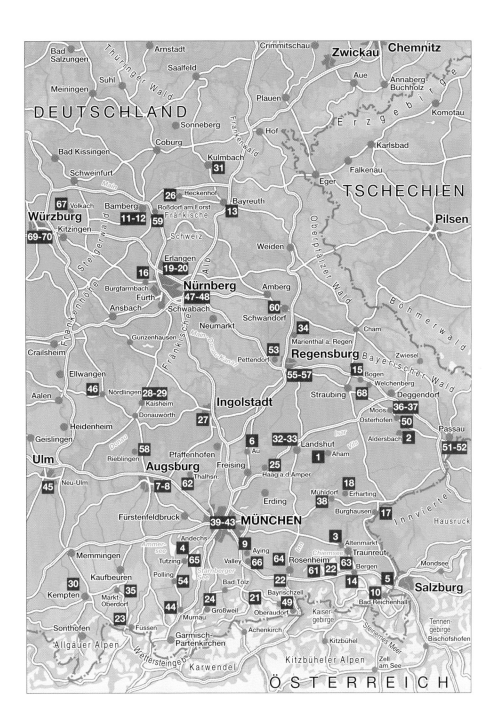

Gasthaus Schlecht-Thalhamer, Aham-Hausberg

Das Wichtigste in Kürze

Kleiner, idyllischer Bauernhofbiergarten, umgeben von alten Kirsch- und Walnußbäumen. Im Innern des 1886 aus rotem Ziegel erbauten Vierseithofes stehen unter zwei riesigen Birnbäumen Tische und Bänke. Wenn man abweichend vom Normalangebot (kalte bayerische Brotzeiten mit Hausbrot und selbstgebackenem Kuchen) warm essen möchte, ist dies ab vier Personen bei rechtzeitiger Bestellung möglich. Alles mit Bedienung.

Preise: *Bier:* günstig; *Brotzeiten:* günstig; *Warme Gerichte:* günstig
Öffnungszeiten: 10–24 Uhr, kein Ruhetag
Anschrift: Gasthaus Schlecht-Thalhamer, Hausberg 1
                         84168 Aham, Telefon 08744/267
Bier: Erhartinger
Spezialitäten: Bayerische Brotzeiten, Hausbrot und Kuchen
Spielplatz: Der Bauernhof, die Strohschupfe zum Austoben und
                         der Sandkasten
Sitzplätze: 100
Parkplatz: Ausreichende Parkmöglichkeit

Wer es bevorzugt, in perfekt durchorganisierten Biergarten-»Betrieben« einzukehren, der sollte den Gasthof Schlecht-Thalhamer in Hausberg lieber meiden. Denn hier ist alles ein bißchen anders: Die Wirtsleute haben die Bänke und Tische einfach mitten in den Hof des Bauernanwesens unter zwei riesige Birnbäume gestellt, und rundherum spielt sich das Hofleben ab, wie wir es nur aus Bilderbüchern kennen. Hühner und Hahn scharren im Kies, das Muhen der Kühe begleitet die Gespräche, und zwei Hunde ergänzen die Idylle.

Die Wirtschaft wird allein von der Familie Schlecht-Thalhamer betrieben, die neben der Versorgung der erwähnten Tiere auch noch die Felder zu bewirtschaften hat. Dies ist harte Arbeit, aber hier beklagt sich keiner. Tochter und Schwiegersohn, die beide im Biergarten bedienen, sind gut gelaunt, auch die Enkel helfen mit; und Vater Thalhamer erzählt bereitwillig von früher: daß Hof und Brauerei 1886 erbaut wurden, der Großvater die Brauerei bis 1911 selbst betrieben hat, daß diese dann der Brauereigenossenschaft gehörte und 1961 zurückgekauft wurde. Möchte man in Hausberg nicht nur Brotzeit machen, sondern warm essen (z.B. Schweine-, Rinder- oder Entenbraten) so ist dies bei rechtzeitiger Bestellung (2–3 Tage) möglich. Im oberhalb des Hofes gelegenen Salettl finden auch heute noch Feste und Veranstaltungen statt. Besonders für Familien mit Kindern ist dieser Biergarten eine Attraktion.

Der Weg

Von der A 92 Ausfahrt Landshut Süd nach Vilsbiburg und Gerzen. Von dort in Richtung Johannesbrunn; nach ca. 3 km rechts abbiegen und Wegweisern »Geigenberg« und »Hausberg« (Sandstraße) folgen (ca. 36 km).

Sehenswertes

Stadtplatz, Neumarkt St. Veit (13. Jh.); Spätgotische Kirche **St. Johannes-Baptist, Neumarkt St. Veit**; **Automuseum Adlkofen** (80 Autos, 60 Motorräder), offen: So 13.30–16 Uhr.

Reizvolle Wege

In den Feldern und Wäldern rund um diesen Einödhof bestehen gute Wander- und Radfahrmöglichkeiten. Wer die landschaftlich reizvolle, hügelige Landschaft genießen möchte, der sollte auf kleinen Straßen nach Hausberg fahren: Rund 3 km nach der Abfahrt Landshut Süd, kurz nach Überquerung der Isar, biegt man nach rechts ab und wählt den Weg über Schönbrunn, Schweinbach und Jenkofen nach Gerzen. Das Automuseum in Adlkofen (viele Oldtimer) liegt ganz nahe an dieser Route.

EvP

Brauerei Aldersbach, Aldersbach

Das Wichtigste in Kürze

Der Garten des Bräustüberls der Brauerei Aldersbach ist eine Besonderheit. Es gibt im Stüberl und im Garten nur Bier, andere Getränke und Brot. Alles andere, was man zur Brotzeit benötigt, muß man selbst mitbringen.

Preise: *Bier:* günstig; *Brot:* günstig
Öffnungszeiten: 15–24 Uhr, an So und Feiertagen geschlossen
Anschrift: Brauerei Aldersbach Bräustüberl
94501 Aldersbach, Telefon 08543/1775
Bier: Aldersbacher
Spezialität: Brot
Spielplatz: –
Sitzplätze: 250
Parkplatz: Ausreichende Parkmöglichkeit

Der Biergarten der Brauerei Aldersbach ist eine Besonderheit unter den Biergärten in diesem Buch. Von seinem Erscheinungsbild her ist es kein klassischer Biergarten, sondern ein schön bepflanzter Innenhof mit soliden Holztischen und Bänken. Schatten spenden hier nur die Sonnenschirme, Bäume gibt es nicht. Serviert wird das Bier aus der Brauerei nebenan, traditionell gebraut, gelagert, gepflegt und ausgeschenkt. Das Bräustüberl wird betrieben von der Brauerei, die, um ihren anderen Wirten nicht Konkurrenz zu machen, eben nur Bier, Getränke und Brot anbietet. Die Brotzeit kann sich jeder selbst mitbringen. Aus diesem Grund ergeben sich auch die ungewöhnlichen Öffnungszeiten. Trotz all dieser Besonderheiten und Hemmnisse ist Aldersbach unbedingt einen Besuch wert. Das gesamte Ensemble aus Asam-Kirche, Kloster und Brauerei ist von beeindruckender Pracht und Schönheit. Ein Prunkstück bayerischer Kulturgeschichte!

Der Weg Von der Autobahn A 3 Ausfahrt 113 Garham/Vilshofen nach Vilshofen, über die Donau, dann der Beschilderung »Landau« folgen, ca. 10 km bis Aldersbach.

Sehenswertes **Asam-Kirche** in Aldersbach, eines der Prunkstücke der Gebrüder Asam. Von Kunstkennern als die schönste Marienkirche Bayerns eingestuft. **Zisterzienserkloster Aldersbach**: Im Jahr 1996 konnte das 850-Jahr-Jubiläum (1146 gegründet) gefeiert werden. Schon im Jahr 735 ist eine Kirche (hl. Petrus) nachzuweisen. Die Zisterzienser des Stift Zwettl (Niederösterreich) beleben das Kloster seit 1989 wieder neu. Der renovierte Teil des Klosters mit Kreuzgang, Kapitelsaal und Bibliothek kann besichtigt werden (Auskunft 08543/3530). Zu besichtigen sind ebenso die **Brauerei** und das **Brauereimuseum**. Es gibt eine Tonbild-Schau über Geschichte von Ort, Kloster und Brauerei.

Reizvolle Wege Wir verlassen die Autobahn A 3 bei Ausfahrt 111 Hengersberg und fahren auf der Landstraße über Schöllnach nach Eging a. See. Dort kann man am Dreiburgensee das Bauerndorfmuseum besuchen. Dann fahren wir über Garham nach Vilshofen, wo wir die Donau überqueren. In memoriam F.J. Strauß ist ein Besuch im »Wolferstetter Keller« angesagt, wo er seine berühmten Aschermittwochreden gehalten hat. Dann folgen wir der Beschilderung »Landau« bis Aldersbach. Für eine Rundfahrt empfiehlt sich weiter die Strecke über Osterhofen, Moos und Plattling. *RM*

Bräustüberl Baumburg, Altenmarkt-Baumburg

Das Wichtigste in Kürze

Die riesigen Bäume der Auffahrtsallee zum Klosterberg beschatten Bräustüberlterrasse und Salettl dieses beliebten Biergartens zwischen Traun und Alz oberhalb von Altenmarkt. Bei Speisen und Getränken Bedienung.

Preise:	*Bier:* mittel; *Brotzeiten:* mittel bis gehoben; *Warme Speisen:* mittel bis gehoben
Öffnungszeiten:	11–24 Uhr, kein Ruhetag
Anschrift:	Bräustüberl Baumburg 83352 Altenmarkt, Telefon 08621/5155
Bier:	Baumburger Klosterbier
Spezialität:	Riesenpfandl für vier Personen
Spielplatz:	–
Sitzplätze:	80
Parkplatz:	Ausreichende Parkmöglichkeit

Kurz vor dem Zusammenfluß von Traun und Alz bei Altenmarkt befindet sich das ehemalige Augustiner-Chorherrenstift Baumburg. Es wurde Anfang des 12. Jh. auf einem Moränenrücken zwischen den beiden Flüssen errichtet und beherrschte durch seine imposante Lage nicht nur optisch die Landschaft, sondern hatte auch große kirchliche Bedeutung. Leider existieren nur noch wenige Reste der Klosteranlage, aber die beiden romanischen Türme der Stiftskirche St. Margaretha mit ihren barocken Helmen sind von weitem zu sehen, wenn man vom Tal der Traun herkommt. Biegt man in Altenmarkt Richtung Baumburg ab, schlängelt sich die Straße durch den Wald den Stiftsberg hinauf, zuletzt begleitet von einer Allee aus Linden, Buchen und Kastanien. In der Brauerei Baumburg wurde offiziell erst im 17. Jh. Bier gebraut, aber es gab schon 1435 einen »Leitgeb«, einen Wirt. 1840 wurde der Felsenkeller neben dem Wasserfall der Alz erbaut.

Die Küche im Bräustüberl bietet eine große Auswahl an Brotzeiten an: sowohl einzelne Brote für den kleinen Hunger als auch ganze »Brettl« davon. Bei den Hauptgerichten beschränkt sich die Karte nicht aufs Bayerische, sondern bietet auch internationale Gerichte an. Es gibt zudem eine extra Fischkarte. Spezialität des Hauses sind die Riesenpfandl, die Käsespatzen, Kartoffelgröstl, »Sauhaufa« oder Kaiserschmarrn mit Wildbeeren jeweils für vier Personen enthalten. Verschiedene Süßspeisen runden das Angebot ab.

| Der Weg | Von der B 304 (Süd) kurz nach dem Ortsanfang von Altenmarkt links abbiegen, dann Wegweiser »Baum- |

burg« folgen.

| Sehenswertes | **Stiftskirche St. Margaretha, Baumburg** (1745–56, beeindruckendste Rokokokirche des Chiemgaues; |

romanische Türme mit barocken Helmen; Deckenfresko, Felix Anton Scheffler 1756); **St. Jakob, Rabenden** (1515; Flügelaltar, Meister von Rabenden); **St. Laurentius, Obing** (1515, neugotischer Hochaltar, Schnitzfiguren; Meister von Rabenden); **Wasserfall und Brauereifelsenkeller, Altenmarkt**

| Reizvolle Wege | Von Baumburg aus kann man in 1 1/2 Stunden auf reizvollen Wegen über Thalham, dann an der Alz |

entlang nach Massing und von dort über Grilleck und Forst nach Rabenden (St. Jakobus 1515) wandern. Mit dem Fahrrad läßt sich diese Tour noch bereichern: Man folgt dem Flußlauf der Alz bis zum Chiemsee und fährt auf dem Rückweg durch die verschilften Seen und Moore bei Seeon. *EvP*

Bräustüberlterrasse, Klosterbiergarten und Klostergasthof, Andechs

Das Wichtigste in Kürze

Die drei Andechser Biergärten erfüllen unterschiedliche Bedürfnisse: Die von Sonnenschirmen beschattete Bräustüberlterrasse dient der schnellen Selbstbedienung. Der Klosterbiergarten hat eine eigene Grillspeisen- und Getränkeversorgung (auch Selbstbedienung); man sitzt unter Kastanien. Im Biergarten des Klostergasthofes schließlich wird der Gast mit gehobener Küche, aber auch Brotzeiten bedient. Mitgebrachtes darf auf der Bräustüberlterrasse und im Klosterbiergarten verzehrt werden.

Preise:	*Bier:* mittel; *Brotzeiten:* mittel; *Warme Speisen:* mittel
Öffnungszeiten:	Bräustüberlterrasse: 10–20 Uhr;
	Klosterbiergarten: 10–22 Uhr; Klostergasthof: 10–23 Uhr
Anschrift:	Kloster Andechs, Bergstraße 2, 82346 Andechs; Telefon
	Bräustüberl: 08152/376261, Klostergasthof: 93090
Bier:	Andechser Klosterbier
Spezialitäten:	Bräustüberl: Grillangebot, bayerische Brotzeiten;
	Klostergasthof: Ammerseerenke, Mastochsenbrust
Spielplatz:	Großer Abenteuerspielplatz
Sitzplätze:	Bräustüberl: 800; Klosterbiergarten: 300; Gasthof: 450
Parkplatz:	3000

Bis ins 10. Jh. reicht die Geschichte von Andechs und seinem Reliquienschatz zurück. Im 15. Jh. wurde das Benediktinerkloster gegründet und die gotische Hallenkirche errichtet, die beide von großer kultureller und kunstgeschichtlicher Bedeutung sind.

Aus dieser Zeit stammen auch Klostergasthof und Bräustüberl, in denen die müden Pilger verköstigt und mit selbstgebrautem Bier gestärkt wurden. Heute ist der Heilige Berg ein beliebter Marienwallfahrtsort, der vor allem im Sommer von unzähligen Pilgern besucht wird. Bei schönem Wetter lassen sie sich dann auf der Bräustüberlterrasse, im Klosterbiergarten oder im Wirtsgarten des Klostergasthofs nieder und erholen sich von den Strapazen der Wallfahrt.

Die unterschiedlichen Funktionen der Andechser Biergärten werden besonders deutlich, wenn man den neugestalteten Selbstbedienungsbereich des Bräustüberls betritt: Hier müssen auch bei großem Andrang die Wünsche der Gäste schnell und unkompliziert erfüllt werden. Durch die neue Struktur, die Brotzeitstationen 1+2 und Grillstationen 1+2 sowie die Logistik dahinter, hält sich das Gedränge um Schweinshaxen und die anderen leckeren Grillgerichte wie Koteletts, Rollbraten oder Wammerl und Brotzeiten auch für sehr Hungrige in erträglichen Grenzen. Im Klosterbiergarten geht's etwas gemütlicher zu; auch hier holt man sich Speisen und Getränke selbst, aber nur hier findet man neben anderem Grillhendl und Spare Ribs im Angebot. Außerdem kann man wie im Klostergasthof alle sechs Andechser Biere bestellen und findet eine kleine Auswahl an Weinen.

Im Garten des Klostergasthofs läßt man sich bedienen und genießt den angeblich schönsten Blick in ganz Oberbayern über den Pfaffenwinkel und die bayerischen Berge. Die Wirtsleute Alexander und Gaby Urban bieten eine gehobene bayerische Küche an. Eine große Auswahl an Schmankerln, z.B. Saures Lüngerl und Mastochsenbrust mit Wirsing

Im Garten des Klostergasthofs genießt man den Blick auf Berge und Pfaffenwinkel.

Grill- und Brotzeitstation der Bräustüberlterrasse

und Meerrettichsoße, sowie Pilz- und Fischgerichte und vegetarische Speisen werden zubereitet. Dampfnudeln, Germknödel und Topfenpalatschinken verführen dazu, über die Stränge zu schlagen. Natürlich kann man auch eine herzhafte Brotzeit verzehren. Sehr attraktiv ist das Kulturprogramm des Klostergasthofs mit Konzerten, Kunstausssstellungen und Theateraufführungen.

Der Weg Von der A 96 Ausfahrt Inning/Ammersee über Seefeld, Herrsching. Von München: mit der S5 nach Herrsching und zu Fuß nach Andechs (ca. 1 Stunde).

Sehenswertes **Kloster- und Wallfahrtskirche** (13. Jh., gotische Hallenkirche; 1751–55, Rokoko, Johann Baptist Zimmermann, Johann Baptist Straub), offen: Mai–Sept. 8–19 Uhr, Okt.–Apr. 8–18 Uhr; **Kloster** (14. Jh.; 1438 Augustiner-Chorherrenstift, 1455 Benediktinerkloster).

Reizvolle Wege Wer von München mit der S-Bahn kommt, kann den Weg zu Fuß auf unterschiedlichen Routen zurücklegen: Der Höhenweg führt durch Buchenwälder und übers Hördl in einer Stunde nach Andechs; für den Rückweg wählt man den Weg durchs Kiental. Eine interessante Erweiterung der Wanderung führt parallel zum Mossbach bis in den Schloßpark von Seefeld. Mit dem Fahrrad bietet es sich an, den Rückweg von Herrsching auf kleinen Straßen westlich des Pilsensees zum Wörthsee anzutreten und dort die S-Bahn nach München zu nehmen. *EvP*

Gaststätte Froschkönig, Anger-Vachenlueg

Das Wichtigste in Kürze

Im Biergarten der ehemaligen Burg-Taverne (Brotrechte seit 1453) sitzt man auf einer Anhöhe am Ortsrand unter großen Walnuß- und Obstbäumen und genießt den Blick auf das Saalach- und Salzachtal bis Salzburg. Bei Speisen und Getränken Bedienung.

Preise: *Bier:* mittel; *Kleine Gerichte:* günstig bis mittel; *Warme Speisen:* mittel
Öffnungszeiten: Di–Sa 17–1 Uhr; So und Feiertage 11–1 Uhr
Anschrift: Gaststätte Froschkönig, Vachenlueg 16 83454 Anger, Telefon 08656/1010
Bier: Wochinger Traunstein
Spezialitäten: Täglich wechselnde Karte nach Saisonangebot, frische Produkte und Kräuter
Spielplatz: Sandkasten
Sitzplätze: 100
Parkplatz: Ausreichende Parkmöglichkeit

5 Einst stand die Burg Vachenlueg (Sklavenblick) auf der Anhöhe, von der man das gesamte Saalach- und Salzachtal bis Salzburg überblicken kann. Die Salzburger Erzbischöfe hielten sich hier ihre Sklaven. Beim historischen, stilvoll renovierten Gebäude der ehemaligen Burg-Taverne befindet sich heute der Biergarten Froschkönig. Der Name kommt von den Tausenden von Kröten, die hierher zum Laichen wandern. Zu ihrem Schutz wird eine der Zufahrtsstraßen zwei Tage im Juni gesperrt.

Bis vor acht Jahren war dieses Lokal eine einfache Wirtschaft, heute stellt sie mit ihrem gehobenen und ungewöhnlichen Essensangebot eine Besonderheit dar. Eva Rutholzner wechselt die Speisekarte täglich. Sie legt Wert auf frische Produkte und Kräuter der Saison, will für Vegetarier und für jeden Geldbeutel interessante Speisen anbieten. Statt Brotzeiten gibt es bei ihr kleine Gerichte wie gebratenen Mini-Mozzarella mit Tomaten-Rucola-Salat. Außerdem sind feine Suppen, sommerliche Blattsalate und Nudelgerichte zu bekommen. Auch die Hauptgerichte machen Lust aufs Essen, z.B. Toskanisches Wildschweingulasch. Es gibt aber auch schon mal Bayerischen Schweinebraten, wenn die Wirtin dazu aufgelegt ist.

Der Weg Von der A 8 Behelfsausfahrt Anger (schlecht beschildert), von dort erst ca. 1 km Richtung Teisendorf, dann rechts abbiegen nach Vachenlueg Ortsende (2,5 km).

Sehenswertes In **Salzburg: Festung Hohensalzburg** (1077–17. Jh.); **Dom** (1614, Santino Solari); **Mozarts Geburtshaus**, Getreidegasse; **Universitätskirche** (1696, Johann Fischer von Erlach); **Franziskanerkirche** (8. Jh.; Hochaltar, Michael Pacher; modernisiert von Johann Fischer von Erlach); **Friedhof St. Peter**; **Schloß Mirabell und Garten** (Johann Fischer von Erlach); in **Höglwörth bei Anger: Stiftskirche** (17. Jh.); **Haustierpark Ramsauerhof**; in **Neukirchen: Bergbaumuseum Achtal.**

Reizvolle Wege Die Einmaligkeit Salzburgs entdeckt man am besten auf einem Spaziergang durch die Gassen zwischen Mönchsberg und Salzach. Auf dem Weg erahnt man die einstige Macht der Salzburger Erzbischöfe und bekommt Lust, noch etwas mehr zu erfahren (Stadtführungen ab Information Mozartplatz um 12.15 Uhr außer So). Vom Gaisberg, dem Hausberg der Salzburger, reicht die Sicht an klaren Tagen vom Chiemsee bis zum Dachstein. Der Untersberg (1853 m) bietet einen herrlichen Blick auf Salzburg und die Berge. *EvP*

Das Wichtigste in Kürze

Hautnah kann man in diesem Biergarten Tradition erleben. Die frühere Auffahrtsallee zum gut erhaltenen Schloß der Freiherren Beck von Peccoz mit riesigen Kastanien und locker aufgestellte Tische vermitteln Atmosphäre und das Gefühl, Gast im Schloß zu sein. Bei Getränken Bedienung; bei Brotzeiten und warmen Gerichten Selbstbedienung.

Preise:	*Bier:* günstig; *Brotzeiten:* mittel; *Warme Speisen:* mittel
Öffnungszeiten:	Mi und Do 16–23 Uhr; Fr, Sa, So 10–23 Uhr; Mo, Di Ruhetag
Anschrift:	Schloßbräukeller Au 84072 Au/Hallertau, Telefon 08752/9822
Bier:	Schloßbräu Au-Kellerbier
Spezialitäten:	Schweinshaxen und Hendl vom Grill
Spielplatz:	Mit vielen Geräten in einer gut einsehbaren Ecke des Biergartens
Sitzplätze:	250
Parkplatz:	Ausreichende Parkmöglichkeit

6 Mitten in der Hallertau, umgeben von üppigen Hopfengärten, Kirchen und Klöstern, befinden sich das Schloß und die seit 1590 bestehende Schloßbrauerei der Freiherren Beck von Peccoz (die erste Brauerei der Bundesrepublik, die das Gütezeichen für herausragende Qualität von der CMA verliehen bekam). Auch in der Küche wird Wert auf Qualität und gepflegte Gastronomie gelegt: Getränke werden serviert, Brotzeiten und warmes Essen holen sich die Gäste selbst. Auf einer Tafel steht das Grillangebot für den Biergarten (Hendl, Rollbraten mit Salat, Haxe oder Holzfällersteak), das an einem Standl im Garten ausgegeben wird. Alles andere wird an einer Theke im Keller abgeholt.

Die »Schmankerl-Karte« enthält alle Arten bayerischer Brotzeiten (aus eigener Metzgerei und immer frisch vom Stück geschnitten). Die Karte mit warmen Speisen wechselt täglich und bietet gehobene bayerische Küche wie Hirschragout mit Knödel oder freitags Fisch an.

Im Schloßbräukeller, früher die Malztenne, wird unfiltriertes natürliches Kellerbier getrunken und in gemütlicher Atmosphäre gespeist. Geschlossene Gesellschaften können das besondere Ambiente im alten Sudhaus genießen: Hier sitzen sie zwischen den Originalsudkesseln, in denen noch vor wenigen Jahren Bier gebraut wurde.

Der Weg Von der A 9 Ausfahrt Schweitenkirchen über Sünzhausen und Abens (ca. 15 km).

Sehenswertes **Barockkirche Mariä Himmelfahrt** (Klosterkirche Rohr, Egid Quirin Asam); **Dom in Freising** (1160–1205, romanische Basilika; 1723/24 Gebr. Asam); **Altes Sudhaus der Brauerei Au** mit größter Sammlung alter Brauerei-Emailleschilder; **Deutsches Hopfenmuseum, Wolnzach; Historische Wachszieher- und Lebzelterwerkstatt, Pfaffenhofen/Ilm; Heimatmuseum Mainburg.**

Reizvolle Wege Die empfohlene Kurzanfahrt vermittelt bereits den besonderen Charme der Hallertau: fruchtbares Bauernland, durchzogen von Hopfengärten, kleinen Wäldern und dem Flüßchen Abens. Von der Raststätte Hallertau erreicht man unseren Biergarten auch auf landschaftlich reizvollen Nebenstraßen über Geroldshausen, Egg und Osseltshausen. Zur Barockkirche in Rohr fährt man auf der Deutschen Hopfenstraße bis Train und dann über Wildberg nach Rohr. Wenn man sich Zeit lassen kann, dann sollte man dieses Ziel über Rudelzhausen, Pfeffenhausen und Rottenburg ansteuern.

EvP

Brauereigasthof Drei Königinnen, Augsburg

Das Wichtigste in Kürze

Mitten in der Altstadt von Augsburg liegt dieser traditionsreiche Biergarten, umgeben von den Häusern der Jakobervorstadt und beschattet von vier riesigen Kastanien. Mittags 10–14 Uhr alles mit Bedienung; 14–18 Uhr bei Getränken und kalten Speisen Selbstbedienung; 18–23 Uhr bei Speisen Bedienung, bei Getränken Selbstbedienung.

Preise:	*Bier:* gehoben; *Brotzeiten:* gehoben; *Warme Speisen:* gehoben
Öffnungszeiten:	Di–So 10–23 Uhr; Mo nur bei schönem Wetter 18–23 Uhr, sonst Ruhetag
Anschrift:	Brauereigasthof Drei Königinnen, Meister-Veits-Gäßchen 32, 86152 Augsburg, Telefon 0821/158405
Bier:	Augusta-Brauerei
Spezialität:	Wechselnde Karte nach Saison
Spielplatz:	–
Sitzplätze:	380
Parkplatz:	In den angrenzenden Straßen oder im NAK-Parkhaus

Der Biergarten Drei Königinnen besteht seit der Jahrhundertwende und ist der älteste in Augsburg. Er wird umrahmt von Altstadthäusern, und riesige Kastanien spenden den Besuchern angenehmen Schatten. Sein Name stammt von der Brauerei Drei Königinnen, der früher der Biergarten gehörte.

Das Speisenangebot ist auf einer großen Tafel an der Wand zum Lokaleingang geschrieben; es wechselt ständig, da der Wirt einkauft, was gerade saisonbedingt am Markt ist. So gibt es Salatteller mit Gemüse, mit Pute oder Lachs, hausgemachte Nudeln mit Meeresfrüchten oder Pfifferlingen. Verschiedene Fleischge-

In der Krypta des Augsburger Doms finden sich Fresken aus romanischer und gotischer Zeit.

richte werden offeriert wie Tafelspitz auf Bouillonkartoffeln, Entenbrust auf Wurzelgemüse oder auch Schweinebraten mit Knödel und Blaukraut. An Fischgerichten werden Lachs in Gemüse in Reisblatt oder auch Seeteufel angeboten. Immer steht mindestens ein vegetarisches Essen auf der Karte, z.B. Gemüsegnocchi auf Tomatenrahm. Aber natürlich dürfen klassische Brotzeiten wie Wurstsalat, Radieschen mit Schnittlauchbrot oder Emmentaler nicht fehlen.

Die Speisekarte im Drei Königinnen ist nicht riesig, aber der Wirt bietet eine Alternative zum üblichen Biergartenessen an und kombiniert mit viel Phantasie immer neue Varianten.

Auch in Sachen Kultur ist er engagiert. An zwei Sonntagen im Juni finden Benefizkonzerte für die Aidshilfe statt, an zwei Sonntagen im August Dichterlesungen und obendrein drei bis vier Jazzveranstaltungen. Übrigens wird an Sonntagen von 10.30–14 Uhr ein Frühstücksbuffet im Biergarten angeboten.

Der Weg Von der A 8 Ausfahrt Augsburg Ost über Mühlhauser Straße bis zur zweiten Ampel, dann rechts Neuburger-, Lechhauser Straße bis Jakober Tor durchfahren, am Jakober Platz parken, gleich um die Ecke Lochgäßchen – Meister-Veits-Gäßchen. Oder im NAK-Parkhaus parken, Jakoberwallstraße; von dort sind es zwei Minuten bis Drei Königinnen.

Sehenswertes Historische **Altstadt** (Gründung 15 v.Chr. durch Kaiser Augustus); **Fuggerei** (1516, Jakob Fugger – älteste Sozialsiedlung der Welt); **Bert Brecht Haus** (Geburtshaus und Gedenkstätte von Bert Brecht); **Rathaus** (1615–20 von Elias Holl, bedeutender Profanbau der Renaissance); **Dom** (823, Fresken aus romanischer und gotischer Zeit; älteste figürliche Glasmalereien aus der Mitte des 12. Jh.).

Reizvolle Wege Wer im Biergarten Drei Königinnen angekommen ist, hat auf dem Weg schon einen flüchtigen Eindruck

von der Atmosphäre der alten Fuggerstadt bekommen. Von hier aus lassen sich viele Sehenswürdigkeiten zu Fuß erreichen. Wer mindestens 2 1/2 Stunden Zeit hat, kann den vom Verkehrsamt empfohlenen großen Altstadtrundgang an der Fuggerei beginnen. Für den Rundgang »Gründerzeitliches Augsburg« muß man 40 Minuten, für den Rundgang »Wehrhaftes Augsburg« 60–80 Minuten Gehzeit einkalkulieren. In Augsburgs »grüner Lunge« im Süden, dem Siebentischwald, kann man sich von den Strapazen der Stadt erholen. Ein ausgedehntes Geh- und Radwegenetz sorgt für Abwechslung. *EvP*

Augsburger Rathaus – einer der bedeutendsten Profanbauten der Renaissance

Schloßgaststätte Wellenburg, Augsburg

Das Wichtigste in Kürze

Die Schloßgaststätte Wellenburg liegt südwestlich von Augsburg am Rande des Rauhen Forsts und des Naturparks Westliche Wälder.
Alte Kastanien und große Sonnenschirme sorgen hier für angenehmen Schatten. An den ungedeckten Tischen alles Selbstbedienung; an den gedeckten Tischen und auf der Terrasse Bedienung.

Preise:	*Bier:* mittel; *Brotzeiten:* mittel; *Warme Speisen:* mittel bis gehoben
Öffnungszeiten:	10–23 Uhr; Restaurant-Karte warm: 11.30–14 Uhr und ab 18 Uhr
Anschrift:	Schloßgaststätte Wellenburg, Wellenburg 4 86199 Augsburg, Telefon 0821/434367
Bier:	Löwenbräu
Spezialität:	Deftige Küche – Schweinshaxe
Spielplatz:	Schaukelpferd
Sitzplätze:	800
Parkplatz:	Ausreichende Parkmöglichkeit

Über eine »fürstliche« Lindenallee erreicht man die Schloßgaststätte Wellenburg, wenn man von Augsburg über Göggingen fährt. Sie markiert auch den Weg zum bewohnten Fürstlich Fuggerschen Schloß, das ganz in der Nähe unseres Biergartens liegt. Hier trifft man viele Radler: die einen zum »Auftanken« für die große Tour in die Westlichen Wälder, die anderen lassen einen erlebnisreichen Tag auf zwei Rädern ausklingen.

Das Biergartenangebot zum Selberholen enthält alles, was man sich für eine deftige Brotzeit oder eine herzhafte Mahlzeit wünscht. Warm gibt es verschiedene Würstl, Spare Ribs, Hendl, aber auch Chili con carne, eine Ausnahme im bayerischen Sortiment. Auch das Haferl Kaffee und Torten fehlen nicht.

Das Angebot im gedeckten Service-Bereich und auf der Terrasse umfaßt sowohl Brotzeiten als auch eine große Zahl warmer Gerichte. Hier gibt es nicht nur deftig bodenständige, sondern auch feine moderne Küche. Ein Beispiel aus den verschiedenen »Schlemmermenues«: Pilzsalat mit Parmaschinken, Zanderfilet mit Pfifferlingen an Limonenbutter, Erdbeeren mit Grappaschaum. Außerdem gibt es je eine Pilz-, Wild- und Fischkarte.

Als Dessert steht außer Eisbechern u.a. Apfelküchle mit Vanillesoße und Wallnußeis zur Verfügung. Für Kinder werden kleinere Portionen zu ermäßigten Preisen serviert.

Der Weg — Von der A 8 Ausfahrt Augsburg West Umgehung B 17 (Landsberg) bis Leitershofer Straße und Leitershofen, von dort über Radegundisstraße nach Wellenburg.

Sehenswertes — **Naturpark Augsburg-Westliche Wälder** (2000 km markierte Wander- und Radwege, Natur- und Waldlehrpfade); **Klosterkirche Oberschönenfeld** (18. Jh., Franz II. Beer von Bleichten); **Museumszentrum Oberschönenfeld** (Naturpark-Haus, Schwäbisches Volksmuseum, historisches Staudenhaus); **Wallfahrtskirche Maria Vesperbild, Schellenbach** (Rokoko, Johann Georg Hitzelberger, Balthasar Riepp).

Reizvolle Wege — Der Naturpark Augsburg-Westliche Wälder ist aufgrund seiner eiszeitlichen Entstehungsgeschichte ein Naturdenkmal von besonderem Rang. Durch die drei Landschaften des Naturparks, das kleinbäuerliche »Stauden« im Süden, den lieblichen Talkessel der »Reichenau« und den waldreichen »Holzwinkel« im Norden, führen 2000 km gut markierte Wander-und Radwege. Auch Motorradfahrer finden hier jede Menge schöner Kurven in abwechslungsreicher Landschaft. *EvP*

Liebhards Bräustüberl, Aying

Das Wichtigste in Kürze

Mitten in Aying, einem gemütlichen Bauerndorf südöstlich von München, sitzt man im Biergarten unter alten Kastanien, umgrenzt vom Sixthof, dem Bräustüberl und den efeubewachsenen Gebäuden des Brauerei-gasthofes. Ungedeckte Biergartentische: Selbstbedienung bei Speisen und Getränken; gedeckte Brauereitische: à la carte und Bedienung.

Preise: *Bier:* mittel; *Brotzeiten:* mittel; *Warme Speisen:* mittel
Öffnungszeiten: Mo–Sa 10–1 Uhr; So 9–1 Uhr; warme Küche 11–23 Uhr
Anschrift: Liebhards Bräustüberl, Münchner Straße 2
85653 Aying, Telefon 08095/1345
Bier: Ayinger
Spezialitäten: Riesen-Wiener-Schnitzel, Spare Ribs, Schweinebraten
Spielplatz: Kleiner Spielplatz
Sitzplätze: 500
Parkplatz: Ausreichende Parkmöglichkeit

Wie in der guten Stube eines gemütlichen Bauerndorfes fühlt man sich in diesem Biergarten, umgeben vom Dorfplatz, dem Maibaum und dem Sixthof. Für den großen Selbstbedienungsbereich steht eine eigene, gut ausgestattete Küche für die Speisenzubereitung und eine Theke für den Getränkeausschank zur Verfügung. Das Essensangebot entspricht dem klassischen Muster. Im gedeckten Servicebereich ist die Auswahl an verlockenden bayerischen und österreichischen Gerichten riesengroß. Natürlich kann man auch hier kalte und warme Brotzeiten verspeisen. Vom Ayinger Schwarzgeräucherten mit frischem Kren bis zum Schweinemett »rass ogmacht« gibt es alles, was man sich an Brotzeiten denken kann. Wer Lust hat, etwas Warmes zu essen, kann z.b. mit einer aufgeschmalzten Brezensuppe mit Gemüse und Rindfleisch beginnen. Weiter geht's mit einem Hauptgericht: vielleicht dem beliebten Liebhards Riesenschnitzel, rösch gebraten mit Preiselbeeren, Zitronenbutter und Pommes frites? Auf der jeweiligen Tageskarte wird auch ein Mittagsmenue, z.B. Leberknödelsuppe, Kalbsleber Tiroler Art und Heidelbeerstrudel angeboten. Natürlich dürfen auch Salate und feine Süßspeisen nicht fehlen! Bierspezialität des Hauses ist unfiltriertes, naturtrübes dunkles Bier, das direkt aus dem Lagerkeller der Brauerei nebenan kommt.

Der Weg Von der A 8 Ausfahrt Hofoldinger Forst in Richtung Hofolding, Faistenhaar bis Aying; S-Bahn von München: S 1 Richtung Kreuzstraße, Haltestelle Aying.

Sehenswertes **Emmerams-Kapelle, Kleinhelfendorf**; **Pfarrkirche St. Emmeram, Kleinhelfendorf** (1668/69); **Pfarrkirche St. Andreas, Aying** (1655; gotisches Turmuntergeschoß; Kruzifix 17. Jh.); **Sixthof, Aying** (1583; sehr gut erhaltener Bauernhof – Heimatmuseum), offen: Sonn- und Feiertage.

Reizvolle Wege Aying liegt am Rande großer Waldgebiete, dem Hofoldinger Forst im Südwesten und dem Herrenholz im Norden. Entsprechend vielfältig sind die Möglichkeiten für Wanderer und Radwanderer. Eine empfehlenswerte Route führt von Aying teilweise auf Waldwegen in nordöstlicher Richtung nach Lindach und über Münster und Heimathshofen nach Kleinhelfendorf mit seinen Kirchen: die Emmerams-Kapelle, wo auf dem Stein von 652 die Marterung des fränkischen Bischofs Emmeram sehr einprägsam dargestellt wird, und die barocke Pfarrkirche St. Emmeram. Über Großhelfendorf fährt man zurück nach Aying. *EvP*

Padinger Alm, Bad Reichenhall-Nonn

10

Das Wichtigste in Kürze

Dieser Biergarten liegt auf 670 m am Fuße des Hochstaufen, mit herrlichem Blick auf Bad Reichenhall und die Berge. Bei Speisen und Getränken Bedienung.

Preise:	*Bier:* mittel; *Brotzeiten:* mittel; *Warme Speisen:* mittel
Öffnungszeiten:	9–23 Uhr, Mo Ruhetag
Anschrift:	Padinger Alm, Nonn 79 83435 Bad Reichenhall, Telefon 08651/4439
Bier:	Bürgerbräu Bad Reichenhall
Spezialitäten:	Deftige bayerische Fleischgerichte
Spielplatz:	Kleiner Spielplatz vorhanden
Sitzplätze:	200
Parkplatz:	Ausreichende Parkmöglichkeiten

Ursprünglich war die Padinger Alm, wie der Name schon sagt, ein Almbetrieb. Seit Kriegsende wird sie als Wirtschaft mit Biergarten geführt. Sie liegt auf einem Plateau am Rande des Talkessels um Bad Reichenhall und bietet dem Besucher einen herrlichen Panoramablick auf den Badeort und bis Salzburg, auf den Predigtstuhl und das Lattengebirge sowie das Unterbergmassiv mit Berchtesgadener (1973 m) und Salzburger Hochthron (1853 m).

Nähert man sich dem Biergarten vom Parkplatz her, so leuchtet dem Gast in luftiger Höhe das strahlende Weiß-Gelb der Sonnenschirme entgegen. In Richtung Tal werfen riesige Bäume ihren Schatten auf die Tische des Biergartens.

Die Küche der Padinger Alm bietet eine große Anzahl an deftigen bayerischen Fleischgerichten. Vor allem Almpfandl (drei verschiedene Fleischsorten mit Speck und Butterspätzle), Holzfällersteak und Grillbrettl von Schwein und Rind sind beliebt bei den Gästen, die hier einkehren. Natürlich werden auch typische bayerische Suppen wie Pfannkuchen-, Leberknödel-, Padinger oder Knoblauchsuppe gekocht. Drei verschiedene Fischgerichte (Zander, Forelle und Seehecht) stehen auf der Karte. Verspürt der Gast immer noch Appetit, so kann er sich eine schöne bayerische Mehlspeise wie hausgemachten Apfelstrudel gönnen. Eine Eiskarte gibt es außerdem. Für Kinder wird ein spezielles Angebot mit kleinen Gerichten offeriert.

Der Weg

Von der A 8 Ausfahrt Bad Reichenhall auf die B 21, an Bad Reichenhall vorbei bis zur Abzweigung Thumsee-Karlstein-Lofer; in Karlstein an der Ampel rechts zu den Kasernen und weiter bis zum Schild »Padinger Alm«.

Sehenswertes

Bad Reichenhall: romanische **Basilika St. Zeno** (1150–1228); **Quellenbau der alten Saline**, Salzmuseum (Sole und Salzgewinnung); **Predigtstuhl** 1574 m (herrliche Aussicht).

Reizvolle Wege

Die Padinger Alm ist der ideale Ausgangspunkt für eine Bergwanderung auf den Hochstaufen (1771 m ü.d.M). Durch seine exponierte Lage am Rande des Alpenvorlandes reicht der faszinierende Ausblick von der Ebene im Westen (Chiemsee) bis ins Hochgebirge im Südosten. Nicht weniger spektakulär ist die Aussicht vom Reichenhaller Hausberg, dem Predigtstuhl (1574 m ü.d.M.); sie reicht vom Hochstaufen über Salzburg bis zum Untersberg. Etwas weiter weg im Berchtesgadener Land, aber ein Muß, wenn man schon hier ist, sind Königssee, Obersalzberg, Kehlsteinhaus und Roßfeldringstraße.

EvP

Mahrs-Bräu-Keller, Bamberg

Das Wichtigste in Kürze

Der Mahrs-Bräu-Keller ist eine Insel inmitten einer Wohnanlage im Bamberger Stadtteil Berggebiet. Wunderbar ruhig, mit Tischen in der Sonne oder im Schatten. Ein Platz unter den prächtigen Kastanien und Linden mit Blick auf das alte Fachwerkhaus und den Jugendstilsaal daneben, ein frisches Bier im Krug, ein Schäufele gerade aus dem Backofen – das ist beste fränkische Biergartenkultur. Alles mit Bedienung.

Preise:	*Bier:* günstig; *Brotzeiten:* mittel; *Warme Speisen:* gehoben
Öffnungszeiten:	15–23 Uhr
Anschrift:	Mahrs-Bräu-Keller, Oberer Stephansberg 96049 Bamberg, Telefon 0951/53486
Bier:	Mahrs-Bräu
Spezialität:	Ofenfrische Schäufele
Spielplatz:	Vorhanden
Sitzplätze:	300
Parkplatz:	Kleiner Parkplatz

Man sollte vorsichtig sein mit Superlativen, aber bei dem Mahrs-Bräu-Keller handelt es sich wirklich um ein Schmuckstück. Über einen kleinen Vorplatz geht man durch den Torbogen zum Biergarten. Niemand vermutet hinter dem kleinen herausgeputzten Fachwerkhaus eine solche Idylle. Die Kellerwirtschaft am Oberen Stephansberg wurde 1416 erstmals erwähnt. Im schwedischen Krieg 1630 zerstört, gelangte sie 1895 in den Besitz von Johann Michel. Nach einem Brand 1896 erfolgte der Wiederaufbau des Wirtschaftsgebäudes. Unter der Einfahrt befand sich ein Eiskeller mit 1000 Kubikmetern Fassungsvermögen. Die alte Wirtschaft und der Jugendstilsaal daneben bilden eine verträumte Kulisse, die in eine andere Zeit zurückversetzt. Die weißen Garnituren, die hellen Sonnenschirme und der gepflegte Garten unterstreichen das positive Erscheinungsbild. Das erstklassige Bier wird in Eichenfässern gelagert und aus diesen ausgeschenkt. Auch die Küche leistet sich keine Schwächen: Mit dem Schäufele frisch aus dem Ofen mit Klöß oder Lammkotelett vom Grill wird der Gaumen gestreichelt. Man wird im ganzen Garten von einem aufmerksamen und freundlichen Service bedient. So fühlt man sich als Gast rundum wohl und geht nach Hause mit dem festen Vorsatz wiederzukommen.

Der Weg

Von der Autobahn A 73 Ausfahrt 5 Bamberg Süd stadteinwärts fahren, der Beschilderung »Berggebiet/Klinikum« folgen, bei Araltankstelle (linke Seite) rechts abbiegen.

Sehenswertes

Bamberg ist reich an Kunstdenkmälern: **Kaiserdom** (1207, eines der bedeutendsten mittelalterlichen Bauwerke in Deutschland; Kaisergrab von Riemenschneider sowie Weihnachtsaltar von Veit Stoß); **Bamberger Reiter**; **Residenz** (17. Jh.) am Domplatz; **Altstadt** mit Rathaus und Fischerhäusern; **Karl May Museum** (mit 73 Originalbänden); **Altenburg** (12. Jh.) vor Bamberg, mit einem herrlichen Blick über ganz Bamberg.

Reizvolle Wege

Von der Autobahn A 9 Ausfahrt 41 Bayreuth Nord der Beschilderung »B 85 Kulmbach« folgen; in Kulmbach nehmen wir die B 289 über Mainleus, Burgkundstadt, dann die B 173 von Lichtenfels Richtung Staffelstein. Zwischen Lichtenfels und Staffelstein liegt links die Wallfahrtskirche Vierzehnheiligen (Barockbasilika, 1743, Balthasar Neumann) und rechts Schloß-Kloster Banz (Gebrüder Dientzenhofer). Weiter auf der B 173 nach Bamberg, kurz auf die Autobahn A 73 bis Ausfahrt Bamberg Süd, dann wie oben beschrieben zum Biergarten.

RM

Wilde Rose Bräu-Keller, Bamberg

Das Wichtigste in Kürze

Der Name täuscht, hier ist nichts wild, sondern es ist gemütlich, beschaulich, ruhig. Der Biergarten mit dem Musikpavillon und dem Taubenhaus ist einfach schön. Die Brotzeiten sind typisch, es gibt fränkische Wurst, Käse vom Rad, Knöchle und Bratwurst. Das Bier stammt nicht aus der eigenen Brauerei, ist aber für den Wilde Rose Bräu eingebraut und sehr schmackhaft. Alles mit Selbstbedienung.

Preise:	*Bier:* günstig; *Brotzeiten:* günstig;
	Warme Speisen: günstig
Öffnungszeiten:	Mo–Fr 16–1 Uhr, Sa und So ab 15 Uhr
Anschrift:	Wilde Rose Bräu-Keller, Oberer Stephansberg 49
	96049 Bamberg, Telefon 0951/57691
Bier:	Wilde Rose Bräu
Spezialität:	Knöchel
Spielplatz:	Großer Spielplatz mit vielen Geräten
Sitzplätze:	1500
Parkplatz:	Ausreichende Parkmöglichkeit

Den Wilde Rose Bräu-Keller in Bamberg gibt es seit 1736. Während des Zweiten Weltkriegs geschlossen, wurde er 1971 wiedereröffnet. Zu verdanken ist dies der Familie Konrad, in deren Besitz der Biergarten seit über 100 Jahren ist. Besucht man heute den Wilde Rose Bräu-Keller, so hat man das Empfinden, die vergangenen Jahrzehnte seien spurlos vorbeigezogen. Diesen Eindruck vermittelt vor allem der wunderschöne Musikpavillon aus dem Jahr 1876. Er wird heute noch für Musikveranstaltungen genutzt. Auch das alte Taubenhaus hinten im Biergarten ist ein Schmuckstück. Die alten Biertischgarnituren sind sauber und gepflegt.

Die Bamberger kommen meist zu Fuß auf den Stephansberg und bringen die Brotzeit und das Essen mit. Der Tisch wird ordentlich mit Tischdecke und mitgebrachtem Geschirr gedeckt, und das Familienpicknick im Biergarten ist perfekt. Wer nicht so vorgesorgt hat, muß nicht verhungern, es gibt reichlich Brotzeiten, Bratwürste und fränkische Knöchle. Damit die Eltern in Ruhe ihre Vesper halten können, ist im hinteren Teil des Gartens ein großer Spielplatz eingerichtet. Gleichgültig wie groß der Andrang, der Wirt strahlt eine Ruhe und Freundlichkeit aus, wegen der alleine man gerne wiederkommt.

Der Weg Von der Autobahn A 73 Ausfahrt 5 Bamberg Süd stadteinwärts fahren, der Beschilderung »Berggebiet/Klinikum« folgen, bei Araltankstelle (linke Seite) rechts abbiegen.

Sehenswertes Bamberg ist reich an Kunstdenkmälern: **Kaiserdom** (1207, eines der bedeutendsten mittelalterlichen Bauwerke in Deutschland; Kaisergrab von Riemenschneider sowie Weihnachtsaltar von Veit Stoß); **Bamberger Reiter**; **Residenz** (17. Jh.) am Domplatz; **Altstadt** mit Rathaus und Fischerhäusern; **Karl May Museum** (mit 73 Originalbänden); **Altenburg** (12. Jh.) vor Bamberg, mit einem herrlichen Blick über ganz Bamberg.

Reizvolle Wege Wir verlassen die Autobahn A 9 bei Ausfahrt 41 Bayreuth Nord und folgen der Beschilderung »B 85 Kulmbach«, in Kulmbach nehmen wir die B 289 über Mainleus, Burgkundstadt, dann die B 173 über Lichtenfels nach Staffelstein. Zwischen Lichtenfels und Staffelstein liegt links die Wallfahrtskirche Vierzehnheiligen (Barockbasilika, 1743 von Balthasar Neumann) und rechts Schloß-Kloster Banz, ein Bau der Gebrüder Dientzenhofer. Weiter auf der B 173 nach Bamberg, dann wie oben beschrieben.

RM

Herzogkeller, Bayreuth

Das Wichtigste in Kürze

Der Herzogkeller ist der Traditions-Biergarten in Bayreuth. Er liegt unterhalb der Bayreuther Aktien-Brauerei am Hang. Ausschank und Brotzeitstation befinden sich in der Bierhalle. Jeder darf sich seine Sachen holen oder aber seine Brotzeit selbst mitbringen.

Preise:	*Bier:* mittel; *Brotzeiten:* mittel; *Warme Speisen:* mittel
Öffnungszeiten:	16–24 Uhr, kein Ruhetag
Anschrift:	Herzogkeller, Hindenburgstr. 9
	95445 Bayreuth, Telefon 0921/43419
Bier:	Maisel-Bräu, Bayreuther Aktienbrauerei
Spezialitäten:	Wurstsalat, Käse, Rettich, Maisel Weizen
Spielplatz:	Unten im Park
Sitzplätze:	1500
Parkplatz:	Firmenparkplatz Maisel-Bräu

Am Stadtrand von Bayreuth, gleich hinter Brauerei Gebr. Maisel, liegt am Hang der Herzogkeller. Durch das Portal in der Sandsteinmauer, die mit ihren Quadern den Hang stützt, führen die Treppen hinauf zum Biergarten. Der erste Blick gehört der Bierhalle: ein Fachwerkbau von der Jahrhundertwende. Über 50 Jahre als Lagerschuppen mißbraucht, wurden Bierhalle und Biergarten vor einigen Jahren mit Erfolg wiederbelebt. Der umtriebige Wirt steht mit beiden Beinen mitten im fränkischen Leben und steckt voller bunter Geschichten von »de Leut« aus demselben. Er veranstaltet Frühschoppen mit Blasmusik, Jazz und ein Liedermacher-Festival. Bayreuths Jugend dankt es mit heftigem Besuch. Bei Hellem und Weizen vom Faß, bei einer guten Brotzeit findet der Gast hier die fränkische Lebensart – abseits der hohen musischen Kultur, die Bayreuth so berühmt, aber auch so anstrengend macht.

Der Weg Von der A 9 Ausfahrt Bayreuth Nord auf die B 85 Richtung Kulmbach, links Maisel Bräu, dort auf den Firmenparkplatz, bis zum Park fahren, dann zu Fuß zum Biergarten.

Sehenswertes **Markgräfliches Opernhaus** (innen eines der schönsten Barocktheater), Führungen ab 10 Uhr; **Neues Schloß** (Rokoko), kann teilweise besichtigt werden; **Altes Schloß** (Städtisches Museum und Staatliche Gemäldesammlung; **Festspielhaus** (Wagner-Opern), **Haus Wahnfried** (erbaut als Wohnhaus Richard Wagners, heute Museum und Wagner-Archiv); **Eremitage** (erbaut von Markgraf Georg Wilhelm, um ein »einfaches« Leben als Eremit zu führen; mit einem Lustpark und zwei Schlössern).

Reizvolle Wege Von Bamberg kommend, nimmt man die B 22 durch die Fränkische Schweiz mit ihren kleinen Tälern, gewundenen Flüßchen und klaren Bächen. Die Route führt durch Dörfer mit typischen Fachwerkhäusern, vorbei an oft bizarren Felsen. Auf der B 303 aus Richtung Weiden folgt man der Fichtelgebirgsstraße. Am Wege liegen die Luisenburg bei Wunsiedel, der Fichtelsee bei Fichtelberg und der Ochsenkopf bei Bischofsgrün.

RM *Herzogkeller um die Jahrhundertwende*

Gasthof Schellenberg, Bergen

Das Wichtigste in Kürze

Dieser Biergarten liegt auf dem Schellenberg, einem Endmoränenhügel 2 km außerhalb von Bergen. Vier Kastanien, eine riesige Buche und mehrere Linden beschatten den Biergarten, ermöglichen aber einen herrlichen Ausblick auf die Chiemgauer Berge und das Bergener Moos. Bei Brotzeiten, Kuchen und Getränken Bedienung; warme Speisen holt man sich am Buffet.

Preise:	*Bier:* mittel; *Brotzeiten:* mittel; *Warme Speisen:* mittel
Öffnungszeiten:	Mo–Fr 17–1 Uhr; Sa und So 14–1 Uhr; Di Ruhetag
Anschrift:	Gasthof Schellenberg
	83346 Bergen, Telefon 08662/8456
Bier:	Wochinger Urtrunk unfiltriert
Spezialitäten:	Aufläufe, Gegrilltes, Nußkuchen
Spielplatz:	Mit Haustiergehege
Sitzplätze:	200
Parkplatz:	Ausreichende Parkmöglichkeit

Ursprünglich wurde auf dem Schellenberg Obst angebaut, und anstelle des Gasthofes stand damals ein Moststadel, in dem die Bauern der Umgebung ihren Most lagerten und natürlich auch probierten, ob er schmeckte. Nachdem vor etwa 100 Jahren der Sturm diesen Stadl umgeblasen hatte, wurde nach und nach ein festes, unterkellertes Gebäude errichtet, der heutige Gasthof. 1904 pflanzte der Großvater des Wirts Toni Buchner die riesigen Bäume, die dem Biergarten Schatten spenden.

Der Biergarten ist noch immer ein reiner Familienbetrieb, und die Wirtsleute haben in Ihrem Küchenangebot viele neue Ideen verwirklicht. Das Repertoire dieser Küche ist sehr vielseitig und ungewöhnlich für einen Biergarten. Es berücksichtigt die veränderten Essensgewohnheiten vieler Menschen, die nicht nur Braten, Knödel und Soße essen wollen. Ab 17.30 Uhr bietet der Wirt ein warmes Buffet an. Jeden Tag werden verschiedene, vor allem vegetarische Aufläufe gekocht, z.B. Gemüseratatouille aus 7–8 Gemüsesorten. Ebenso werden Fleischgerichte wie Schweinehalsgrat oder Pfannengyros angeboten, zu denen sich die Gäste ihre Beilagen aus den Aufläufen auswählen können. Außerdem werden viele Salate frisch zubereitet.

Am Wochenende gibt es nachmittags Kuchen (herrlicher Nußkuchen, seit 70 Jahren Spezialität des Hauses, nach Rezept der Großmutter) und Brotzeiten. Es wird bedient.

> ### Der Weg
Von der A 8 Ausfahrt Bergen bis Ortsmitte, dann kurz nach der Kirche rechts in Richtung Sporthalle bis Schellenbergstraße, von da gut beschildert.

> ### Sehenswertes
Barocke **Wallfahrtskirche Maria Eck - Mariä Geburt** (1626, 1635–45); **Hochfelln** 1670 m ü.d.M (Blick auf Chiemsee und Zentralpen); **Bergener Moos** (Naturschutzgebiet mit seltenen Pflanzen); **Chiemsee** (Schloß Herrenchiemsee, Fraueninsel).

> ### Reizvolle Wege
Für Wanderungen im westlich von Bergen gelegenen Moos ist unser Biergarten ein idealer Ausgangspunkt (Rundwanderung ca. 2 Stunden). Auch Radwanderungen zum Chiemsee nach Feldwies führen durch die herrliche Mooslandschaft, vorbei am reizvoll gelegenen Osterbuchberg. Wer den Chiemsee von oben überblicken und mehr von den Zentralpen sehen möchte, der kann den Hochfelln besteigen (ca. 4 Stunden) oder mit der Kabinenseilbahn hinauffahren. Ein schöner Waldwanderweg führt zur Wallfahrtskirche Mariä Geburt in Maria Eck (ca. 3/4 Stunde). *EvP*

Gasthof Zur schönen Aussicht, Bogenberg

Das Wichtigste in Kürze

Schöner kann eine Aussicht nicht sein, wie die oben auf dem Bogenberg über der Donau. Man sitzt im Schatten der schönen Kastanien, genießt sein Bier, seine Brotzeit, seine Gesellschaft. Die freundliche Bedienung umsorgt den Gast zuvorkommend. Von der deftigen Brotzeit über Braten bis zum Fisch, eine Spezialität der Wirtin, werden die Wünsche der Gäste erfüllt. Wie es sich für den Biergarten gehört, gibt's das Bier im Maßkrug.

Wer sich der Völlerei schuldig gemacht hat, kann in der Wallfahrtskirche 200 m weiter oben Buße tun.

Preise:	*Bier:* günstig; *Brotzeiten:* günstig; *Warme Speisen:* mittel
Öffnungszeiten:	Sa–Do 9–22 Uhr, Fr Ruhetag
Anschrift:	Berggasthof »Zur schönen Aussicht«, Bogenberg 6
	94327 Bogen, Telefon 09422/1539
Bier:	Arco-Bräu
Spezialitäten:	Fisch, Wild und Braten, Brotzeiten
Spielplatz:	–
Sitzplätze:	180
Parkplatz:	Ausreichende Parkmöglichkeit

Hoch über der Donau, die den fruchtbaren Gäuboden wie eine Lebensader durchströmt, liegt der Bogenberg. Das Gasthaus nennt sich zu Recht »Zur schönen Aussicht«. Der Biergarten liegt wie eine Terrasse am Hang, der steil zur Donau abfällt. Wenn man im Schatten der Kastanien sitzt und den Blick ins Tal richtet, ihn dem Fluß folgen läßt, überträgt sich die Gelassenheit, die Majestät der Donau auf den Betrachter. Das weite Tal scheint endlos, der weißblaue Himmel zeichnet am Horizont die Konturen der Alpen. Dazwischen die Äcker mit dem satten Braun des Gäubodens und die Felder mit den Farben von Weizen, Raps, Hafer, Blaukraut, Gerste, Kartoffeln, wie vom lieben Gott gemalt. Daß Wirtin und Bedienung sich mit Einsatz für das leibliche Wohl der Gäste besonders anstrengen, kommt wohltuend hinzu.

Der Weg Von der Autobahn A 3 Ausfahrt 107 Bogen nach Bogen, rechts abbiegen nach Bogenberg, der Beschilderung »Wallfahrtskirche« folgen.

Sehenswertes **Wallfahrtskirche Bogenberg** (spätgotische Kirche aus dem 11. Jh.). Graf Aswin von Bogen gründete 1104 die Marienwallfahrt und stellte sie unter die Obhut des Benediktinerklosters Oberalteich (1080 ebenfalls von seiner Familie gegründet, Kirche mit reicher Barockausstattung). Bekannt ist die Kerzenwallfahrt der Holzkirchener Pilgergruppe alljährlich am Pfingstsonntag. Neben der Kirche gibt es noch ein kleines **Bauernmuseum**. Funde belegen, daß der Bogenberg schon in der Bronzezeit (1500 v. Ch.) besiedelt war. Sehenswert ist auch die **Klosterkirche der Prämonstratenserabtei Windberg,** ein Kleinod des Rokoko, erbaut 1140 bis 1220.

Reizvolle Wege Wir fahren von der A 3 Passau–Regensburg bei Deggendorf Richtung Landshut/München. Wir verlassen die Autobahn bei Abfahrt 22 Plattling West und fahren auf der B 8 Richtung Straubing. Nach wenigen Kilometern biegen wir rechts ab nach Stephansposching. Wir fahren der Donau entlang über Irlbach, Ainbrach bis Asham. Auf dieser Strecke sehen wir schon von weitem den Bogenberg auf der anderen Seite der Donau, die wir bei Asham überqueren.

RM Blick auf die Donau

Obstgärtla, Burgfarrnbach

Das Wichtigste in Kürze

Ein Biergarten auf dem Dorf, oft das Ziel der Großstädter aus Fürth und Nürnberg. Seine ganze Pracht entfaltet er im Mai zur Blüte, wenn die ganzen Obstbäume, besonders die Kirschen, erblühen. Von diesen, für einen Biergarten eher untypischen Obstbäumen hat er auch seinen fränkischen Namen »Obstgärtla«. Auch sonst fränkelt es in bester Art und Weise. Das Bier ist frisch, der Durst groß, die Brotzeit »brima«, die Leut' gesprächig. Im Biergarten Selbstbedienung, ein kleiner Bereich mit Bedienung.

Preise:	*Bier:* günstig; *Brotzeiten:* günstig; *Warme Speisen:* günstig
Öffnungszeiten:	Mo–Fr 17–23 Uhr, Sa ab 12, So ab 10 Uhr
Anschrift:	Obstgärtla, Breiter Steig 6
	90768 Burgfarrnbach
Bier:	Zirndorfer, Erdinger, König Ludwig Dunkel
Spezialitäten:	Fränkische Brotzeiten, Schäufele, Grillfleisch
Spielplatz:	Vorhanden
Sitzplätze:	1000
Parkplatz:	Ausreichende Parkmöglichkeit

Für einen Biergarten auf dem Land bzw. auf dem Dorf ist das Obstgärtla fast ein bißchen groß geraten, das tut aber der Gemütlichkeit keinen Abbruch. Unter den Obstbäumen, die richtig anheimelnd sind, wird zusammengerückt, damit jeder seinen Platz findet.

Ein kleiner Bereich vor dem Fachwerkhäuschen ist Bedienbereich, draußen an den Biergartengarnituren ist Selbstbedienung angesagt. Ausschank und Theke sind mit fränkischer Betriebsamkeit perfekt organisiert. Die Brotzeiten mit Wurst und Preßsack vom Land sind deftig und kräftig. Die Braten, wie z.B. das Schäufele mit Klöß, könnten aus Großmutters Küche nicht besser sein. Die Qualität der Küche und die Auswahl der Biere, vom heimischen Zirndorfer über Erdinger bis zum König Ludwig Dunkel, finden großen Zuspruch unten den Gästen. Teilt man den Biertisch mit Einheimischen, dann fränkelt es natürlich gewaltig. Mit etwas gutem Willen und ab und zu Rückfragen geht's dann schon; der Hinweis »Dou moust hoarchn, hoarch« hilft dem nicht Sprachbegabten enorm. Auf dem Heimweg kommt dann ein kleiner Abschiedsschmerz, gepaart mit dem Vorsatz wiederzukommen.

Der Weg

Von der Autobahn A 3 Nürnberg–Würzburg Ausfahrt Kreuz Fürth/Erlangen Richtung Fürth, Fürth Hafen, Burgfarrnbach, durch den Ort, an der Gabelung rechts nach Puschendorf, nach 500 Metern Biergarten rechts.

Sehenswertes

Schloß Burgfarrnbach (Museum der Stadt Fürth). Fürth wurde 1007 von Kaiser Heinrich II. gegründet und ist älter als Nürnberg. Im Schloß ist die Entwicklung von Fürth vom Dorf zur bedeutenden Industrie- und Handelsstadt zu sehen, mit Stücken der Handwerkskunst von den Goldschlägern bis zu den Zinngießern. In einem Nebengebäude ist das **Fürther Rundfunkmuseum** entstanden. Sehenswert ist auch die **Altstadt von Fürth**, die gerade saniert wird.

Reizvolle Wege

Wir verlassen die Autobahn A 3 Ausfahrt 75 Wiesentheid und fahren die B 286/B 8 Richtung Neustadt a.d. Aisch. Der Weg führt über Castell, dort sind Schloß und Weinstall sehenswert, und weiter nach Scheinfeld mit Schloß und Kloster Schwarzenberg. Anschließend fahren wir nach Neustadt a.d. Aisch, dort lohnt sich für den Besucher ein Rundgang an der alten Stadtmauer. Weiter geht es immer auf der B 8 über Emskirchen nach Langenzenn, wo wir bei Seukendorf nach Burgfarrnbach abfahren.

RM

Klostergarten Raitenhaslach, Burghausen

Das Wichtigste in Kürze

Dieser historische, teilweise von alten Kastanien beschattete Biergarten befindet sich im Innenhof des über 400 Jahre bestehenden Klostergasthofes in unmittelbarer Nähe des ehemaligen Zisterzienserklosters und der sehenswerten Klosterkirche. Im Garten kann außer den üblichen Brotzeiten auch Gegrilltes und das Angebot der täglich wechselnden Restaurantkarte bestellt werden. Alles mit Bedienung.

Preise:	*Bier:* mittel; *Brotzeiten:* mittel bis gehoben; *Warme Speisen:* mittel bis gehoben
Öffnungszeiten:	10–23 Uhr, kein Ruhetag
Anschrift:	Klostergarten, Raitenhaslach 9 84489 Burghausen, Telefon 08677/9730
Bier:	Klosterbrauerei Raitenhaslach
Spezialitäten:	Spare Ribs, Gyros u. Saisonangebote in großer Auswahl
Spielplatz:	Mit vielen Spielgeräten ausgestattet
Sitzplätze:	400
Parkplatz:	Ausreichende Parkmöglichkeit

Dieser Biergarten befindet sich in geschichtsträchtiger Umgebung: Der Klostergasthof, in dessen Innenhof der Biergarten unter alten Kastanien angelegt wurde, existiert seit 1585. Das ehemalige Zisterzienserkloster, die romanische Klosterkirche, die im 18. Jh. im Stil des Rokoko umgeformt wurde, und die Klosterbrauerei bestehen seit mehr als 700 Jahren. Die Gebäude des Gasthofes wurden von Grund auf saniert und stilvoll restauriert. Das ganze Ensemble wirkt einladend, behaglich und sehr gepflegt. Auch die Innenräume des Klostergasthofes wurden sehr gekonnt renoviert und mit edlem, teilweise altem Mobiliar ausgestattet.

Im Klostergarten leuchten die gelben Sonnenschirme im dunklen Grün der Kastanien, die mit dem ebenfalls gelben Anstrich der Gebäude harmonieren.

Die Wirtshaustische und Stühle sind weiß-grün gestrichen, und die karierten Tischdecken vervollständigen die gastliche Atmosphäre.

Im Biergarten werden wie auch im Restaurant sowohl bodenständige bayerische als auch internationale Gerichte mit täglich wechselnder Speisekarte angeboten. Das Küchenrepertoire reicht von deftigen bayerischen Brotzeiten über Hausmannskost wie Schweinebraten, Kalbshaxe oder Lüngerl bis zur hausgemachten Lasagne oder Barbarie-Entenbrust mit Orangen. Als Nachtisch locken jede Art von Pfannkuchen, Rote Grütze oder Bayerische Creme.

Klosterkirche der Zisterzienserabtei Raitenhaslach

Der Weg

Von Burghausen in Richtung Tittmoning, nach 6 km Wegweisern nach Raitenhaslach folgen (der Weg ist leicht zu finden).

17

Zisterzienserabtei Raitenhaslach (romanische Klosterkirche, erneuert 1694–98 und 1735–43, Rokoko, Johann Zick, Johann Baptist Zimmermann; Klostergebäude, Kreuzgang mit über 100 Grabplatten, 1756–64, Franz Alois Mayer); in **Burghausen: Stadtplatz**; **Burg** (13.–16. Jh., Gotik bis Anfang Renaissance); **Aussichtspukte auf die Salzach:** Curaplatz, Napoleonshöhe, Mündung in den Inn; **Plättenfahrt** (historische Salzkähne) auf der Salzach von Tittmoning nach Burghausen.

Reizvolle Wege

Von Burghausen flußabwärts führt ein Wanderweg an der Salzach entlang zur Zisterzienserabtei und zum Klostergarten in Raitenhaslach (10 km). Das Mündungsgebiet der Salzach in den Inn ist ebenfalls ein lohnendes Ziel: Auf der deutschen Seite wählen Radfahrer von Burghausen aus den Weg auf dem Salzachdamm über Neuhof und zurück durch den Marktler Wald. Auto- und Motorradfahrer überqueren vom Stadtplatz aus den Inn und fahren auf österreichischer Seite 10 km in Richtung Braunau durch den Weilhart Forst zum gut gekennzeichneten Aussichtspunkt. Eine besondere Attraktion ist die Fahrt mit der Salzach-Plätte (mittelalterlicher Salzkähn) von Tittmoning nach Burghausen (Mai–Anfang Okt., Dauer 1 1/2 Stunden).   *EvP*

Die riesige Burganlage ist das Wahrzeichen von Burghausen. Sie ist die größte ihrer Art in Deutschland und spiegelt alle Phasen der Gotik wider.

Sommerkeller Erharting

Das Wichtigste in Kürze

Der Sommerkeller liegt am Ortsrand von Erharting auf einem bewaldeten Hang ganz in der Nähe der Burgruine Dornberg, mit Blick auf das Inntal und Altötting. Schatten spenden ihm der angrenzende Wald und die großen Kastanien, Linden, Ahornbäume, Akazien und Birken, die den Biergarten nach außen abschirmen. Brotzeiten und Getränke bringt die Bedienung. Mitgebrachtes darf verzehrt werden.

Preise:	*Bier:* günstig; *Brotzeiten:* mittel;
	Warme Speisen: nicht im Angebot
Öffnungszeiten:	15–24 Uhr, Sa und So 14–24 Uhr, kein Ruhetag
Anschrift:	Sommerkeller Erharting, Vorberg 20
	84513 Erharting, Telefon 08631/91266
Bier:	Erhartinger Export Hell im Steinkrug
Spezialität:	Bayerische Brotzeiten
Spielplatz:	Der angrenzende Wald
Sitzplätze:	350
Parkplatz:	Ausreichende Parkmöglichkeit

18 Über den Sommerkeller gibt es zwei Besonderheiten zu berichten. Zum einen ermöglicht seine Lage an einem dicht bewaldeten Hang einen wunderbaren Ausblick auf das Inntal und Altötting. Auch die Burgruine Dornberg befindet sich ganz in der Nähe. (Das erklärt den Ritter im Logo der Erhartinger Brauerei.) Die andere Besonderheit dieses Biergartens ist die Funktion, die der etwa 120 Jahre alte Sommerkeller auch heute noch erfüllt: Er kühlt den ganzen Sommer über das Bier mit Natureis. Im Winter werden aus einem nahegelegenen See Eisblöcke herausgesägt und im Keller zum Bierkühlen verwendet.

Unter Kastanien stehen weiße Tische und blaue Stühle im Biergarten, den man vom oberen Parkplatz durch einen Torbogen, vom unteren über eine Treppe am Hang betritt. Linkerhand erhebt sich über dem Salettl der Berg, der mit seinen Linden, Akazien und Ahorn eine grüne Kulisse bildet.

Vor allem Radfahrer kommen hierher, um in dieser malerischen Umgebung Bier zu trinken und ihre Brotzeit zu verzehren. (Es gibt nur Brotzeiten, Getränke, Kuchen und Eis, da keine Wirtschaft im Gebäude untergebracht ist.) Die Kinder betrachten den ganzen Hang oberhalb des Biergartens als ihr Reich, in dem sie nach Herzenslust herumtoben können.

Der Weg

Erharting liegt an der B 299 Landshut–Altötting, ca. 10 km nordwestlich von Altötting. In der Ortsmitte Richtung Pleiskirchen abbiegen, dann ca. 300 m rechts auf den Hügel.

Sehenswertes

Marienwallfahrtsort Altötting: Kapellplatz; **Gnadenkapelle** (750; 1517, Bogengang mit Votivtafeln); **Stiftspfarrkirche St. Philipp und St. Jakob** (13. Jh., 1499–1511; Schatzkammer), offen: Ostern bis Nov. Mo–Sa 10–12 und 14–16 Uhr, So 13–16 Uhr; in Massing **Niederbayerisches Bauerhofmuseum.**

Reizvolle Wege

Erharting ist ein guter Ausgangspunkt für Rad- und Motorradwanderungen in das sogenannte Holzland, das nördlich vom Inn gelegene, von Wäldern durchzogene tertiäre Hügelland. Über Klebing, Roßbach, Leoprechting (Kapelle St. Leonhard, romanischer Backsteinbau) nach Massing (Niederbayerisches Bauernhofmuseum) fahren und auf landschaftlich reizvoller Strecke über Geratskirchen nach Winhöring (St. Peter und Paul; Schloß Frauenbühl). Bei Winhöring kann man in den Inntal-Radweg einsteigen; er führt über Perach, Marktl bis Passau. Überquert man bei Marktl den Inn, dann erreicht man über Niedergottsau (Wallfahrtskirche) bei Haiming (St. Stephan, 1485; Schloß) die Salzachmündung. *EvP*

Entlas Keller, Erlangen

Das Wichtigste in Kürze

Der Entlas Keller in Erlangen liegt an den Kellern am Berg, wo jedes Jahr die Bergkirchweih stattfindet. Den Namen hat er nach der Spezialität, für die er bekannt ist – Ente vom Grill mit Klöß und Kraut. Die fränkischen Brotzeiten sind auch nicht zu verachten. Alles mit Selbstbedienung.

Preise:	*Bier:* mittel; *Brotzeiten:* mittel; *Warme Speisen:* mittel
Öffnungszeiten:	Mo–Fr 12–23 Uhr, Sa 11–23, So 10–23 Uhr
Anschrift:	Entlas Keller, An den Kellern 5–7
	91056 Erlangen, Telefon 09131/22100
Bier:	Brauerei Kitzmann, Pils, Festbier und Radler
Spezialität:	Ente vom Grill
Spielplatz:	Der angrenzende Wald
Sitzplätze:	1500
Parkplatz:	Wenige Parkmöglichkeiten

19 Der Berg, den es zu erklimmen gilt, um der Hochburg der Erlanger Keller näher zu kommen, ist auch ohne Seilschaft zu ersteigen. Mächtige Kastanien geben schon auf dem Weg Schatten. Der Entlas Keller ist ein fränkisch umtriebiger Biergarten. Ständig fließt der nicht endende Strom zwischen Bänken, Ausschank und Theken. Alles wird selbst geholt. Das Bier gibt's im Maßkrug, das Essen auf richtigen Tellern. Beim Anstehen hat man Gelegenheit, mit der charmanten Vorderfrau ein bißchen zu »blauddern«. Der Schankkellner – Kurzname »Mopp« – hat für jeden einen flotten Spruch: »Etz houst gnouch Zeit ghabt zum überlechen, etz dringst a Bier«. Die Maß steht vor dir, der nächste Durstige hinter dir.

Sein Essen darf jeder wie überall in Franken selbst mitbringen, beim Entlas Keller wär's aber schade drum. Ente, Gockerl oder Haxen vom Grill sind ein Gedicht, dazu Klöß mit Sauce und Kraut, gut nachgespült wird mit dem kellerfrischen Bier. Bergab ist der Bauch wieder vorne.

Die Keller aus dem 16. Jh. waren ursprünglich Lagerkeller. Ausschank war nur an der Bergkirchweih – auch heute noch der Höhepunkt der Kellersaison.

Der Weg Von der Autobahn A 73 Ausfahrt 12 Erlangen Nord Richtung Stadtmitte fahren, am Bahndamm entlang, durch eine Unterführung, links Beschilderung »Bamberg/Forchheim« folgen, über die Brücke, an der Ampel rechts, dann sofort links die Bergstraße hoch zu den Kellern.

Sehenswertes Die **Altstadt** mit dem alten Schloßplatz als Mittelpunkt. Hinter dem **Schloß** liegt abgeschirmt und ruhig der **Schloßpark**. Früher eine Barockanlage, wurde sie zu einem großzügigen englischen Garten umgestaltet. Im Park erinnern zwei Denkmäler an die Geschichte Erlangens, der **Hugenottenbrunnen** und das **Reiterstandbild**. Aus dem Zeitalter des Barock stammen auch das **Markgrafentheater** und das **Palais Stutterheim**.

Reizvolle Wege Von der Autobahn A 3 fahren wir bei Ausfahrt 85 Heroldsberg/Eckental ab. Ab Heroldsberg der B 2 folgend über Gräfenberg in die Fränkische Schweiz nach Pegnitz; vor Pegnitz nehmen wir die B 470 nach Ebermannstadt über Pottenstein (Teufelshöhle), Behringersmühle, Gößweinstein (Basilika), Ebermannstadt nach Forchheim. Dort nehmen wir für ein kurzes Stück die A 73, die wir bei Ausfahrt 12 Erlangen Nord verlassen. Dann weiter auf dem oben empfohlenen Weg. *RM*

Schwanengarten, Erlangen-Dechsendorf

20

Das Wichtigste in Kürze

Ein typischer Ausflugs-Biergarten, herrlich gelegen am Dechsendorfer Weiher, dem Naherholungsgebiet von Erlangen. Der Gasthof ist mit Efeu bewachsen und fügt sich so in den Wald ein. Die Speisekarte ist reichhaltig, das Essen gut und der Seniorwirt freundlich und nett.

Preise:	*Bier:* mittel; *Brotzeiten:* mittel; *Warme Speisen:* mittel
Öffnungszeiten:	Di–So 11–23 Uhr, Mo Ruhetag
Anschrift:	Schwanengarten, Naturbadstr. 99
	91056 Erlangen-Dechsendorf, Telefon 09135/6100
Bier:	Tucher
Spezialität:	Brotzeiten, Wurstsalat
Spielplatz:	–
Sitzplätze:	600
Parkplatz:	Wenige Parkmöglichkeiten in unmittelbarer Umgebung

20 **D**er Dechsendorfer Weiher, früher Bischofsweiher, ist das Naherholungsgebiet von Erlangen. Während der Woche normal besucht, verwandelt sich der Dechsendorfer Weiher am Wochenende zum Volksbad. Vor dem Besuch im Schwanengarten kann sich der Gast im Weiher von außen abkühlen, im Biergarten dann von innen mit einem kühlen Tucher vom Faß. Der Biergarten liegt an der Naturbadstraße am Südostende des Weihers, direkt am Wald.

Wald und Weiher bieten im Einklang mit dem Gasthaus, das mit Efeu bewachsen ist, eine naturbetonte Kulisse. Die Speisenauswahl im Schwanengarten ist groß und bietet für jeden Gaumen das richtige. Die Brotzeiten sind, wie es sich gehört, fränkisch, d.h. es gibt deftige, würzige Wurst und kräftiges Bauernbrot. Sein Essen oder seine Brotzeit und sein Bier holt man sich selbst. Nach der Stärkung lädt der nahe Wald zu einem Spaziergang ein, oder man nimmt einen der ausgewiesenen Wanderwege rund um den Dechsendorfer Weiher.

Der Weg

Von Autobahn A 3 Ausfahrt 81 Erlangen-West Richtung Dechsendorf, dann der Beschilderung »Dechsendorfer Weiher« folgen.

Sehenswertes

Naturanlage der Karpfenteiche sowie **Vogelwarte** mit Beobachtungsturm am Dechsendorfer Weiher. Mittelalterliche **Kirchenburg in Röhrbach-Hannberg**. **Altstadt von Erlangen** mit dem alten Schloßplatz als Mittelpunkt und **Schloß**. Der **Schloßpark**, früher eine Barockanlage, wurde später zu einem großzügigen englischen Garten umgestaltet. Im Park erinnern zwei Denkmäler an die Geschichte Erlangens: der Hugenottenbrunnen und das Reiterstandbild. Aus dem Zeitalter des Barock stammen auch das **Markgrafentheater** und das **Palais Stutterheim**. Sehenswert ist natürlich die **Bergkirchweih** alljährlich über Pfingsten.

Reizvolle Wege

Von der Autobahn A 3 Ausfahrt 85 Heroldsberg/ Eckental Richtung Heroldsberg; dann der B 2 folgend über Gräfenberg in die Fränkische Schweiz nach Pegnitz. Vor Pegnitz nehmen wir die B 470 nach Ebermannstadt über Pottenstein (Teufelshöhle), Behringersmühle, Gößweinstein (Wallfahrtskirche, 18. Jh., Balthasar Neumann), Ebermannstadt nach Forchheim. Dort bietet sich wieder eine Einkehr in schönen Biergärten an. Dann für ein kurzes Stück auf die A 73, die wir bei Ausfahrt 12 Erlangen Nord verlassen. Dann weiter Richtung Dechsendorf, dort der Beschilderung »Dechsendorfer Weiher« folgen. *RM*

Feichtner Hof, Finsterwald

21

Das Wichtigste in Kürze

Etwas oberhalb des Tegernseenordufers bei Kaltenbrunn liegt an der Straße nach Bad Tölz der Feichtner Hof. Mehrere alte Kastanien beschatten den größten Teil des Biergartens, und auch Sonnenschirme stehen bereit. An den ungedeckten Tischen holt man sich das Biergartenangebot selbst, an den gedeckten Tischen ißt man à la carte und wird bedient.

Preise: *Bier:* mittel; *Brotzeiten:* mittel;
                   Warme Speisen: mittel bis gehoben
Öffnungszeiten: 17–23 Uhr
Anschrift: Der Feichtner Hof, Kaltenbrunner Str. 2
                   83703 Finsterwald, Telefon 08022/7322
Bier: Löwenbräu
Spezialität: Grillgerichte
Spielplatz: Rutsche und Schaukeln
Sitzplätze: 350
Parkplatz: Ausreichende Parkmöglichkeit

21 Nur 1 km oberhalb des Tegernsees liegt der Feichtner Hof in Finsterwald. Er besteht schon seit 105 Jahren und wurde früher als Bauernhof mit Gasthof und Metzgerei betrieben. Die Landwirtschaft ist schon lange aufgegeben, und auch der Kuhstall mit dem schönen Gewölbe wurde zur Erweiterung der Gasträume genutzt. Der Biergarten liegt an der Südseite des stattlichen Hofgebäudes und wird von mächtigen Kastanien beschattet.

Hier besteht die Möglichkeit, sich selbst zu bedienen. Es gibt es eine Abholtheke, an der man sich Getränke, Salat, Würstl und Fleisch vom Grill mitnimmt. Die normale Speisekarte an den gedeckten Tischen enthält Brotzeiten, verschiedene Suppen sowie Fleischgerichte. Auf der Tageskarte findet man außer Hausmannskost auch gehobene Gerichte wie Hirschrückensteak an Wacholderrahm. In der Schwammerlzeit gibt es auch eine extra Pfifferlingkarte und für Figurbewußte eine große Salatkarte.

Der Weg

Von der A 8 Ausfahrt Holzkirchen auf der B 318 bis Dürnbach, dort rechts nach Finsterwald.

Sehenswertes

St. Ägidius, Gmund (17. Jh., Lorenzo Sciasca, Johann Georg Asam); **St. Quirin und Schloß, Tegernsee** (12. und 15. Jh.; 1678 barockisiert, Enrico Zucalli; 1820 klassizistisch, Leo von Klenze); **St. Laurentius, Rottach-Egern** (1671/72 barockisiert, Miesbacher Stuck; Altarblatt, 1690, Johann Georg Asam); **Olaf-Gulbransson-Museum Tegernsee**; offen: Di–So 14–18 Uhr; **Museumseisenbahn** (historischer Dampfzug Schaftlach–Tegernsee; fährt elfmal im Jahr); **Wallberg** 1722 m, Blick auf Tegernsee (Kabinenbahn auf 1620 m, Autostraße 1100 m).

Reizvolle Wege

Das Büchlein »Tegernseer Tal – Spazierwege, Wanderungen, Bergtouren, Radwege« enthält 50 ausgewählte Vorschläge; Gäste erhalten es bei den Kurverwaltungen kostenlos. Ein »Leckerbissen« ist der große Rundwanderweg; er führt von Gmund über Buchberg auf die Neureuth (1264 m, mit Traumblick auf den Tegernsee) und zurück über Ostin, Niemandsbichl nach Gmund (3 Stunden). Interessant ist es auch, den See wandernd und mit dem Schiff zu umrunden. Der Wallberg (1722 m) ist ein weiterer Aussichtspunkt. Die 4 km lange Wallberg-Autostraße ist eine reizvolle Möglichkeit, auf 1100 m zur Moosalm zu gelangen und von hier weiter aufzusteigen. Oder man läßt sich von der Seilschwebebahn auf 1620 m bringen. Von hier bietet sich der Aufstieg zum 1826 m hohen Risserkogel und zurück über die Moni-Alm und Enterrottach an. *EvP*

Gasthof zur Linde, Fraueninsel im Chiemsee

Das Wichtigste in Kürze

Mitten im Chiemsee und auf geschichtsträchtigem Boden liegt dieser Traditionsgarten. Im Schatten der 1000jährigen Linde genießt man den Blick auf den See und die Chiemgauer Berge. Bei Speisen und Getränken Bedienung.

Preise:	*Bier:* gehoben; *Brotzeiten:* gehoben; *Warme Speisen:* gehoben
Öffnungszeiten:	8–23 Uhr (15. Jan.–15. März geschlossen)
Anschrift:	Gasthof zur Linde
	83256 Fraueninsel i. Chiemsee, Telefon 08054/90366
Bier:	Hofbräuhaus München
Spezialität:	Chiemseefische
Spielplatz:	Kleiner Spielplatz
Sitzplätze:	330
Parkplatz:	Ausreichende Parkmöglichkeiten in Gstadt und Breitbrunn

22 Auf der Fraueninsel im »Bayerischen Meer« liegt dieser traditionelle Biergarten. Er gehört zum Gasthof zur Linde, der 1396 von der Äbtissin Elisabeth als Wirtshaus erbaut wurde. Lange Zeit haben sich hier Maler, Schriftsteller und Dichter einquartiert, nutzten leerstehende Räume als Atelier und ließen sich vom besonderen Reiz der Fraueninsel inspirieren. In der »Künstlerchronik der Malerherberge auf Frauenwörth« wurde festgehalten, welche Künstler zu Gast waren. Viele haben sich mit Texten, Zeichnungen und Aquarellen verewigt. Leider existieren aber nur noch zwei der ursprünglich fünf Chronikbände. Auch heute noch besuchen – abgesehen von den Touristen – viele Künstler die Fraueninsel und nehmen im stilvoll renovierten Insel-Hotel Linde Quartier.

Das Küchenangebot der Wirtsleute Obermaier umfaßt vor allem Chiemseefische und regionale Küche. So findet man von der Chiemseerenke auf der Karte sowohl Renkenkaviar auf Dillrahm, Mairenkentatar pikant mit Kräuterrahm als auch gebratenes Renkenfilet mit Pfifferlingrahmsauce.

Als Fleischgerichte werden Schweinebraten mit Knödel, Rindsgulasch mit Spätzle oder Stierlende mit verschiedenem Gemüse und Bratkartoffeln angeboten. In der Pilzsaison werden alle Arten von Schwammerln gekocht. Als üppige Mehlspeise kann man noch bayerische Dampfnudeln verzehren.

> ### Der Weg

Von der A 8 Ausfahrt Bernau über Prien, Rimsting, Breitbrunn nach Gstadt. Von dort halbstündliche Verbindung mit dem Motorboot.

> ### Sehenswertes

Karolingische Torhalle mit Museum (Agilolfinger, Karolinger); **Klosterkirche St. Maria** (16. Jh.; Fresken, Hochaltar); **Kloster-und Inselgärten**; **Schloß Herrenchiemsee.**

> ### Reizvolle Wege

Eine Umrundung der Fraueninsel zu Fuß erschließt nicht nur die liebevoll angelegten Inselgärten, sondern auch die reizvolle Landschaft um den Chiemsee. Wem eine längere Fahrt auf kleinen Straßen nichts ausmacht, der verläßt die Autobahn in Frasdorf und fährt über Wildenwart nach Prien. Eine landschaftlich schönere Route führt von Frasdorf über Umratshausen, Giebing und Hittenkirchen zum Chiemsee.   *EvP*

Klosterkirche Fraueninsel

Schrannenbiergarten Gasthof Woaze, Füssen

Das Wichtigste in Kürze

Am Schrannenplatz in der historischen Altstadt von Füssen liegt der Gasthof Woaze. In seinem Hinterhof befindet sich der kleine romantische Schrannenbiergarten. Alles mit Bedienung.

Preise:	*Bier:* mittel; *Brotzeiten:* mittel bis gehoben; *Warme Speisen:* mittel bis gehoben
Öffnungszeiten:	10–23.30 Uhr
Anschrift:	Gasthof Woaze, Schrannenplatz 10 87629 Füssen, Telefon 08362/6312
Bier:	Bräuhaus Füssen
Spezialität:	Bayerische Küche
Spielplatz:	–
Sitzplätze:	50
Parkplatz:	Parkhaus Sparkasse

23 Füssen, die malerische Kurstadt im Südosten des Allgäus, zwischen Schlössern, Bergen und Seen gelegen, ist mit ihren 700 Jahren die zweitälteste Stadt dieses Landes. Begünstigt durch ihre Lage an der Alpen-Handelsstraße, brachte sie es im Mittelalter zu Wohlstand und kultureller Bedeutung. Mitten in der historischen Altstadt von Füssen liegt direkt neben der »Alten Schranne« der Gasthof Woaze mit seinem Schrannenbiergarten. Dieser entspricht nicht dem Bild vom großen traditionellen Biergarten, sondern es ist ein romantischer kleiner Garten im Innenhof der Gastwirtschaft, den man durchs Lokal betritt und der einen eigenen Charme ausstrahlt. Der Hof ist gepflastert, und die Mauern sind mit Kletterpflanzen bewachsen. Große Sonnenschirme spenden Schatten, die Bäume hinter der Biergartenmauer bilden die grüne Kulisse.

Die Küche ist bürgerlich: Es beginnt mit verschiedenen Suppen, leichten und vegetarischen Gerichten (z.B. Tomatenspätzle mit Käse überbacken und Salat), verschiedenen Würstln und Lüngerl; dann gehts »deftig bayerisch« mit Schweinebraten und geräuchertem Wellfleisch weiter. »Schnell serviert« werden Maultaschen, Hackbraten, Kalbszüngerl und Bauernschmaus. »Etwas Geduld« brauchen Seehecht und Forelle sowie Rostbraten. Es können auch Kinder- und Seniorenportionen bestellt werden. Zum Nachtisch gibt es Apfelküchle mit Eis und Sahne oder gemischtes Eis. Eine Besonderheit ist das naturtrübe Kellerbier vom Faß.

Schloß Neuschwanstein, das Traumschloß Ludwigs II.

Schloß Hohenschwangau wurde ab 1833 im neugotischen Stil erbaut.

Der Weg

Auf der B 17 von Schongau bis Parkhaus Sparkasse, von dort 5 Minuten zur Altstadt.

Sehenswertes

Hohes Schloß (1291/1500, Rittersaal-Kasettendecke); **Barockkirche St. Mang** (1701–17, Johann Jakob Herkomer; Turm romanisch); **Kloster St. Mang** (Anna-Kapelle – Totentanz 1602, Jakob Hiebeler; Fürstensaal mit Fresken von F.G. Hermann; mittelalterlicher Kreuzgang; Museum: Klostergeschichte, Lauten und Geigen); **Heilig-Geist-Spitalkirche** (1748–50, Franz Karl Fischer; Fassadenbemalung: Anton Josef Walch); **Schloß Hohenschwangau** (mittelalterliche Burg; 1833 neugotisches Schloß durch Maximilian II.; Fresken im Festsaal: Moritz von Schwinds; Schloßkapelle mit gotischem Flügelaltar; Park mit Blick auf Alpsee); **Schloß Neuschwanstein** (mittelalterliche Burg; ab 1869 Traumschloß durch Ludwig II., Planung und Entwurf: Eduard Riedels, Christian Jank).

Reizvolle Wege

Einen großartigen Ausblick auf das Voralpenland und seine Seen hat man von den Baumgartenanlagen, nur 10 Minuten Fußmarsch von der Füssener Altstadt entfernt. Von den Ziegelberganlagen, auch nur wenige Minuten von der Ortmitte, überblickt man die Füssener Berge und den Forggensee. Sehenswert ist auch der Lechfall, den man auf verschiedenen Wegen erreichen kann.
Zur Erkundung der Altstadt werden Stadtführungen angeboten (Sa ab 9.30 Uhr, Treffpunkt Kurverwaltung).
Eine landschaftlich reizvolle und für Motorradfahrer interessante Strecke führt von Reutte über den Plansee und den Ammersattel bis nach Ettal. *EvP*

Alpengasthof Kreut-Alm, Großweil

Das Wichtigste in Kürze

In der Nähe von Großweil bei Murnau, etwas oberhalb des Freilichtmuseums Glentleiten und auf dem Weg zum 940 m hohen Hirschberg, liegt die Kreut-Alm. Hier sitzt man entweder auf der von zwei riesigen Linden flankierten Terrasse oder in dem von mehreren Kastanien beschatteten Biergarten und genießt den Blick in das Loisachtal, auf den Kochelsee und die nahen Berge (Benediktenwand, Herzogstand und Heimgarten). Alles mit Bedienung.

Preise:	*Bier:* gehoben; *Brotzeiten:* gehoben; *Warme Speisen:* gehoben
Öffnungszeiten:	8–1 Uhr
Anschrift:	Alpengasthof Kreut-Alm
	82439 Großweil, Telefon 08841/5822
Bier:	Hacker-Pschorr
Spezialität:	Schlachtfest (Di, Mi, Do)
Spielplatz:	–
Sitzplätze:	500
Parkplatz:	Ausreichende Parkmöglichkeit

Hat man mit dem Besuch des Bauernhofmuseums auf der Glentleiten schon morgens begonnen und ist nun müde und voll neuer Eindrücke, dann ist eine Einkehr auf der Kreut-Alm genau das Richtige. Die Bergwirtschaft »Kreut« war früher ein Almbetrieb, der im Jahr 1900 von Familie Mayr übernommen wurde und zu dem in guten Zeiten bis zu 100 Stück Vieh gehörten. Nachdem 1970 die Landwirtschaft aufgegeben wurde, wurde er zum heutigen Alpengasthof Kreut-Alm umgebaut. Im früheren Stall wird jetzt gekocht, in der Tenne wird getanzt, und aus den ehemaligen Wirtschaftsräumen wurden die gemütlichen Stuben. Besonders schön ist es, im Biergarten im Schatten der Kastanien oder auf der Veranda unter den mächtigen Linden zu sitzen und ins Tal zu schauen. Die Küche ist deftig bayerisch, und das Angebot sowohl an Brotzeiten als auch an warmen Gerichten sehr vielfältig. Dreimal in der Woche wird zum Schlachtfest eingeladen, bei dem Kesselfleisch, Schlachtschüssel, Blut- und Leberwürste und Gröstl ganz frisch zubereitet werden. An Hauptgerichten gibt es z.B. knusprig gebratenes Spanferkel. Zwei Fischgerichte stehen auf der Karte. Eine ganze Reihe verlockender Nachspeisen wie Topfen- und Apfelstrudel verführen dazu, nach dem Hauptgericht nochmal zuzugreifen. Kinder- und Seniorenteller werden auch serviert.

In der Kreut-Alm können auch Garten- und Grillfeste sowie Bayerische Abende mit Blasmusik und Trachtengruppen veranstaltet werden.

Der Weg Von der A 95 Ausfahrt Murnau/Kochel nach Großweil, dort Schild »Freilichtmuseum« folgen; die Kreutalm liegt oberhalb.

Sehenswertes **Freilichtmuseum Glentleiten** (auf 25 ha 40 Gebäude), offen: 9–18 Uhr, Mo geschlossen außer Juli und Aug.; **Benediktinerkloster Benediktbeuren** (739/740), Führungen täglich 14.30 Uhr, Juli–Sept. 10.30–14.30 Uhr; **St. Benedikt, Benediktbeuren** (1680–85; italienischer Hochbarock, Kaspar Feichtmayr, Hans Georg Asam).

Reizvolle Wege Interessant ist eine Wanderung durch die sechs oberbayerischen Hauslandschaften im Freilichtmuseum Glentleiten. Die 40 historischen Gebäude vermitteln nicht nur die ländliche Architektur früherer Zeiten, sondern auch bäuerlichen Lebensstil vergangener Jahrhunderte. Für Motorradfahrer ist die nahegelegene Kesselbergstraße, die Verbindung zwischen Kochel- und Walchensee, ein Anziehungspunkt. Wegen der vielen Unfälle ist sie am Wochenende für Motorräder gesperrt. *EvP*

Biergarten Schloßallee, Haag

Das Wichtigste in Kürze

In der Ortsmitte von Haag a.d. Amper liegt dieser riesige Biergarten, der sich zu beiden Seiten der Schloßallee erstreckt; die Tische und Bänke stehen im Schatten alter Hainbuchen, Kastanien und Linden. Bei Getränken und Speisen Selbstbedienung. Mitgebrachtes kann verzehrt werden.

Preise:	*Bier:* mittel bis gehoben; *Brotzeiten:* mittel
	Warme Speisen: mittel bis gehoben
Öffnungszeiten:	Mo–Fr 15–23 Uhr; Sa 13–22 Uhr; So 11–22 Uhr
Anschrift:	Biergarten Schloßallee, Freisinger Straße
	85410 Haag a.d. Amper, Telefon 08167/350
Bier:	Hofbräuhaus Freising
Spezialitäten:	Grillhaxen, Hendl, Steckerlfisch, Grillwürstl, Jägerbier
Spielplatz:	Großzügig angelegt, gut überschaubar am Rande des
	Biergartens mit vielen Spielgeräten und Sandkasten
Sitzplätze:	3500
Parkplatz:	Ausreichende Parkmöglichkeit

Der Biergarten Schloßallee ist ungeheuer groß und beeindruckt vor allem durch seine riesigen alten Bäume, die eine Allee bilden und mit ihren knorrigen Ästen ein malerisches Laubdach über die Tische breiten. Vom einstigen Schloß der Grafen Lodron sind nur noch kärgliche Reste am Ende der Allee übriggeblieben, und an der linken Seite des Biergartens verfällt allmählich das große Brauereigebäude. Aber besucht man diesen Biergarten an einem Wochenende im Hochsommer, kommt man im Trubel der vielen Besucher wohl nicht dazu, sich Gedanken über die einstige Blütezeit und den allmählichen Verfall dieser riesigen Anlage zu machen.

Um den Biergarten herum sind Stände aufgebaut, die von kalten Brotzeiten bis zum Steckerlfisch und allerlei Gegrilltem, wie z.B. Haxen, Spareribs und Hendln, alles anbieten, was das Herz begehrt. Im Schloßgartencafé können sich die Besucher mit Kaffee und Kuchen stärken. Am Samstagabend spielt eine Kapelle für das jüngere Publikum zum Tanz auf. Am Sonntag sind Familien in der Überzahl; auch sie werden musikalisch unterhalten.

> ### Der Weg

Von der A 92 Ausfahrt Freising Ost; B 11 nach Langenbach, dort abbiegen nach Zolling, Haag (ca. 12 km). Von der A 9 Ausfahrt Allershausen, in der Ortsmitte abbiegen über Kirchdorf, Zolling (ca 20 km).

> ### Sehenswertes

Romanisch/gotisches **Münster St. Castulus, Moosburg** (romanisches Portal 13. Jh.; Hochaltar 1514 von Hans Leinberger); **Johanneskirche Moosburg** (Grabsteine, Fresken 15. Jh.); Stiftsherrenhäuser (Herrenstraße); **Heimatmuseum** (u.a. Vor- u. Frühgeschichte, offen So 9–12 Uhr).

> ### Reizvolle Wege

Wir verlassen die A 92 bei der Ausfahrt Erding und fahren in nördlicher Richtung auf wenig befahrener Straße über Gaden, Oberhummel nach Langenbach; hier biegen wir ab nach Zolling und Haag. Auf diesem Weg durchfahren wir das satte Grün der Isar- und Amperauwälder und überqueren dabei Isar und Amper.

Für Wanderer besteht eine beliebte Variante darin, das Auto in Langenbach stehen zu lassen und den kürzeren Fußweg sowie den Steg über die Amper zu wählen (ca. 3 km). Ganz in der Nähe, am Amperkanal, wartet ein sauberer Badeweiher!

Als Rückweg zur A 92 bietet sich an, der Amper zur Mündung in die Isar bei Moosburg zu folgen und das Münster St. Castulus zu besuchen.

EvP

Kathi-Bräu, Heckenhof

26

Das Wichtigste in Kürze

Der Kathi-Bräu ist eine für Oberfranken typische kleine Dorfbrauerei, die nur für den Ausschank in der eigenen Gaststätte braut. Sitzplätze finden sich im Schatten der Bäume oder der Scheune; wer die Sonne »direkt« will, kann »draußen« sitzen. Die Brotzeiten sind fränkisch deftig. Man kann sich bedienen lassen oder seine Sachen selbst holen.

Preise: *Bier:* günstig; *Brotzeiten:* günstig;
                      Warme Speisen: günstig
Öffnungszeiten: 9–23 Uhr
Anschrift: Kathi Bräu
                      91347 Heckenhof 1, Telefon 09198/277
Bier: Kathi-Bräu (braunes Lagerbier vom Faß)
Spezialitäten: Geräuchertes, Fränkischer Preßsack, Bratwurst
                      mit Kraut, Essiggurken
Spielplatz: Kein Spielplatz, aber Wiese beim Parkplatz
Sitzplätze: 400
Parkplatz: Großer Parkplatz

Dieser Biergarten, oder besser der »Kathi-Bräu«, ist das Mekka der Motorradfahrer aus nah und fern. An den Wochentagen eher ruhig, reichen die rund 400 Sitzplätze am Wochenende nicht. Der geteerte Parkplatz ist bestückt mit Motorrädern jeder Marke, jeden Alters, jeder Farbe und Ausstattung – eine Motorrad-Show, die im Sommer jedes Wochenende stattfindet. Unter den schattigen Bäumen wird gefachsimpelt, jeder mit jedem. Biker reden gerne über ihre Maschinen, die schönsten Touren, die beste Sozia, und sie sind mit allen auf Du.

Ausgeschenkt wird braunes Lagerbier, naturtrüb und aus dem eigenen kleinen Sudhaus. Es wird gebraut nach fränkischer Tradition, die in Heckenhof ihren Ursprung im 15. Jahrhundert hat. Hier ist alles echt, alles ursprünglich, das alte Wirtshaus, die schräge Scheune, die starken Bäume, die flotten Bedienungen und die bunt gemischten Gäste.

Es gibt alkoholfreies Bier, Mineralwasser und Kaffee (das meist getrunkene Getränk). Wer seine eigene Brotzeit dabei hat, wird nicht verstoßen.

Am 4. Wochenende im August ist die Kathi-Bräu-Kirchweih, »Kärwa«: fränkisch, kräftig, laut und lustig.

Der Weg Von Bayreuth auf der B 22 nach Eckerndorf, Plankenfels; vor Aufseß links zum Heckenhof (ca. 35 km, 30 Minuten Fahrzeit).

Sehenswertes **Schloß Greifenstein**, **Heiligenstadt** (prächtige Sammlung alter Waffen), Führungen 8.30–12 Uhr und 14–18 Uhr; **Schloß Aufseß.**

Reizvolle Wege Wir verlassen die A 9 Nürnberg–Berlin an der Ausfahrt Pegnitz/Grafenwöhr und orientieren uns auf der B 470 Richtung Forchheim. Über Pottenstein führt der Weg vorbei an der berühmten Tropfsteinhöhle »Teufelshöhle« nach Gößweinstein (Wallfahrtskirche, 18. Jh., Balthasar Neumann). Dort biegen wir rechts ab nach Waischenfeld, dann verläuft die Route ein Stück der Wiesent entlang über Waischenfeld nach Plankenfels. In Plankenfels links abbiegen nach Aufseß, ca. 2 km vor Aufseß links nach Heckenhof. Diese Strecke ist für Auto- und Motorradfahrer gleichermaßen reizvoll.

Den Weg zurück sollte man über Aufseß (Schloß) und Heiligenstadt (Schloß) wählen. Von Heiligenstadt geht es über Unterleinleiter bis Gasseldorf, wo man wieder auf die B 470 trifft. *RM*

Antoniusschwaige, Ingolstadt

Das Wichtigste in Kürze

Die Antoniusschwaige am Stadtrand von Ingolstadt besteht als Biergarten schon seit 1904; ebenso alt sind auch die Linden und die Eiche, die locker gepflanzt auch Sonne in den Biergarten lassen und nur etwa die Hälfte der Tische und Stühle beschatten. Fest installierte Tische im Selbstbedienungsbereich; Brauereitische mit Tischdecken kennzeichnen den à la carte-Bedienungsbereich. Mitgebrachtes darf verzehrt werden.

Preise:	*Bier:* mittel; *Brotzeiten:* mittel;
	Warme Speisen: günstig bis mittel
Öffnungszeiten:	10–1 Uhr, kein Ruhetag
Anschrift:	Antoniusschwaige 47
	85049 Ingolstadt, Telefon 0841/32680
Bier:	Herrnbräu Ingolstadt
Spezialitäten:	Schäuferl, Haxen, Krustenbraten; Spare Ribs
	und Enten vom Grill, Steckerlfisch
Spielplatz:	Zwei große Schaukeln und Sandkasten
Sitzplätze:	1000
Parkplatz:	55 am Lokal, weitere in den umliegenden Straßen

27

Die Antoniusschwaige wurde vor ca. 100 Jahren vom Bräu am Berg als landwirtschaftliches Anwesen erbaut und ab 1904 zu Ausflugswirtschaft und Biergarten erweitert. Das Besondere an ihr ist die Anordnung der einzelnen Gebäude zu einem Innenhof, der von Linden und einer Eiche beschattet wird. Besonders originell ist die westliche Begrenzung mit je einem Salettl an den Ecken und der dazwischen liegenden erhöhten Terrasse – hier fanden in früheren Zeiten die prominenten Gäste den gebührenden Sitzplatz. Nach Süden umgrenzt eine niedrige Mauer den Biergarten und gibt den Blick frei auf die Felder und die dahinterliegende Auenlandschaft. Man vergißt hier die Nähe der Stadt! Zum Ensemble gehören neben dem Hauptgebäude der eingeschossige Saalbau als östliche Begrenzung und die 1904 erbaute Kapelle, in der man auch getraut werden kann, wenn man sich den Pfarrer mitbringt.

Betritt man den Biergarten durch das Tor auf der Ostseite, erfährt man auf Tafeln die besonderen Angebote des Tages: verschiedene bayerische Brotzeiten wie hausgemachte Bratensulz, aber auch warme Gerichte wie Krustenbraten oder Schweinshaxe und vegetarische Nudelgerichte (Eigenproduktion).

Der Kinderspielplatz hat eine besondere Attraktion: die »Kirtahutschn« aus dem Jahre 1904.

Der Weg

Von der A 9 Ausfahrt Ingolstadt Süd in Richtung Stadtmitte, Südliche Ringstraße, Brückenkopf, über Konrad-Adenauer-Brücke, gleich nach der Brücke zweimal rechts um den Block (wegen Linksabbiegeverbot), zur westlichen Ringstraße und von dort links in die Gerolfinger Straße; nach 500 m Schild »Antoniusschwaige«.

Sehenswertes

In **Ingolstadt**: **Liebfrauenmünster** (15./16. Jh.; Fassadentürme, Hochaltar); **St. Maria Victoria** (1732–36, Gebrüder Asam); **Neues Schloß** (Bayerisches Armeemuseum); **Alte Anatomie** (Deutsches Medizinhistorisches Museum); **Rathausplatz, Kreuztor**; **Antoniusschwaige** (Windradl, das bis 1945 zur Stromerzeugung diente; versetzt an die Schutter); in **Neuburg: Schloß** (16. Jh.), **Amalienstraße** (historische Altstadt).

Reizvolle Wege

Vom Stadtzentrum Ingolstadt gibt es einen wunderschönen Fußweg durch den Westfriedhof und vorbei an den Moosgärten zur Antoniusschwaige. Etwas nördlich beginnt nahe dem Flüßchen Schutter der Schutter-Wanderweg. Er führt bis zum südlichen Erholungsgebiet mit Baggersee und Wildgehege. *EvP*

Das Wichtigste in Kürze

Im Klosterkeller-Garten sitzt man unter riesigen Kastanien ganz in der Nähe der berühmten Klosterkirche Kaisheim. Alles mit Selbstbedienung.

Preise:	*Bier:* günstig; *Brotzeiten:* mittel; *Warme Speisen:* mittel
Öffnungszeiten:	Mo–Fr 17–23, Sa und So 14–23 Uhr
Anschrift:	Klosterkeller, Abteistr. 23 86687 Kaisheim, Telefon 09009/1400
Bier:	Kaltenberg
Spezialitäten:	Fränkische Bratwürste, Schäuferl, Makrelen vom Grill
Spielplatz:	Mit mehreren Spielgeräten
Sitzplätze:	400
Parkplatz:	30 am Lokal, weitere Möglichkeiten in den umliegenden Straßen

28

Zur Kaisheimer Klosterbrauerei von 1709 gehörte auch der oberhalb gelegene Klosterkeller, der frühere Lagerkeller und spätere Biergarten. Es ist ein Biergarten im traditionellen Sinn: Man sitzt gemütlich im Schatten mächtiger alter Kastanien und holt sich Getränke, Brotzeit oder eines der Fleischgerichte vom Grill. Da gibt es Brote mit Obatzdn, Käse oder Schinken, Lachssemmel, Schinkenplatte und Bayerischen oder Schweizer Wurstsalat. Wer warm essen möchte, hat die Auswahl unter fränkischen Bratwürsten, Schäuferl, Wammerl oder Makrelen vom Grill. Figurbewußte können auch einen Salatteller verzehren.

Das Essensangebot ist nicht riesig; hier ist die Hauptsache, in angenehmer Atmosphäre gemütlich seinen Durst zu stillen und eine deftige Mahlzeit zu genießen.

| Der Weg | Kaisheim liegt an der B 2 (Donauwörth–Nürnberg), 5 km nördlich von Donauwörth. |

Sehenswertes — **Klosterkirche** (1352–1387, Abt Ulrich III. Nibelung); **Kaisersaal und »Knastmuseum«** (Strafvollzug von 1780 bis heute), offen: Di–Sa 9–17 Uhr, So und Feiertage 10–17 Uhr; **Radlmuseum im Klosterkeller** (Oldtimer-Radl und Motorradl); in **Eichstätt: Dom** (8.–13. Jh., 1350–96, 1714–18 Gabriel de Gabrieli), **Residenz**, **Willibaldsburg** und **Jura-Museum.**

Reizvolle Wege — Kaisheim liegt am Rande der Monheimer Alb, einem Gebiet nördlich der Donau und zwischen Wörnitz und Altmühl: Die hügelige und von Wäldern, Tälern und Flußläufen durchzogene Jura-Landschaft bietet für Wanderer, Radfahrer und Motorisierte viele Möglichkeiten. Interessant für Motorradfahrer sind nicht nur das Off-Road-Gelände in Warching, sondern auch die landschaftlich reizvollen und kurvenreichen Sträßchen zwischen Wörnitz und Altmühl.   *EvP*

Klosterkirche Kaisheim

Thaddäus-Garten, Kaisheim

Das Wichtigste in Kürze

Der kleine Thaddäus-Garten mit jungen Bäumen und Sonnenschirmen ist wie auch der nahegelegene Klosterkeller Teil der Brauerei von 1709. Er bietet eine feine, gehobene Küche an, mit Phantasie zubereitet. Der Gast kann zwischen vier bis fünf Hauptgerichten wählen. Bei Getränken Selbstbedienung, bei Speisen Bedienung.

Preise: *Bier:* mittel; *Brotzeiten:* mittel;
                      Warme Speisen: mittel
Öffnungszeiten: Di–Sa 17–23 Uhr, So 11.30–14 Uhr
Anschrift: Gasthaus Thaddäus, Abteistraße
                      86687 Kaisheim, Telefon 09009/1999
Bier: Lauterbach
Spezialitäten: Wechselnde Karte nach der Saison,
                      Wein vom Faß
Spielplatz: Mit mehreren Spielgeräten
Sitzplätze: 400
Parkplatz: 30 am Lokal, weitere Möglichkeiten in
                      den umliegenden Straßen

29

Das stilvoll restaurierte Gebäude des Gasthaus Thaddäus ist wie der oberhalb gelegene Klosterkeller Teil der Klosterbrauerei von 1709. Die beiden Biergärten stehen unter getrennter Leitung und verfolgen in ihrem Angebot unterschiedliche Konzepte. Familie Panitz geht mit ihrem Essensprogramm im Garten Thaddäus neue Wege: Keine Spur von deftigen Fleischgerichten vom Grill, wie es sonst in Biergärten üblich ist. Sie bietet eine feine, gehobene Küche an, mit Phantasie zubereitet. Die Karte ist nicht riesig, aber alle Zutaten werden frisch verarbeitet, und sie variiert je nach Marktangebot.

Es werden ein bis zwei Suppen gekocht, z.B. Petersilien-Rahm-Suppe, Steinpilz-Kartoffelsuppe oder Rote-Beete-Suppe. Vier bis fünf Hauptgerichte stehen zur Auswahl, davon eines mit Fisch: Tafelspitz, Lammfilet mit marinierten Knoblauchbohnen, Heilbutt oder Lachs auf Salat. An vegetarischen Gerichten gibt es Gemüselasagne, Pilzgratin oder Bärlauch-Pesto. Diverse Strudel, Zwetschgen- oder Topfenknödel können als Dessert gewählt werden, dazu Kaffee oder Cappuccino. Bei den Getränken wird die gleiche Idee spürbar: Außer Bier von der Brauerei Lauterbach gibt es biologische Säfte und biologischen Cidre. Die Weine kommen von befreundeten Winzern aus Burgund und der Wachau.

Findet im Saal der Kleinkunst-Brauerei Thaddäus (früheres Sudhaus der Brauerei) eine Veranstaltung statt, so werden ab 18 Uhr kleine Gerichte angeboten wie Bunter Salatteller mit gebratenen Pilzen oder Rindsbouillon mit Rindsbrätstrudel und gebackenen Griesknöpfen. Das Herbstprogramm dauert von September bis Weihnachten und bietet u.a. Kabarett, Jazz, Irish Folk etc.

Der Weg   Kaisheim liegt an der B 2 (Donauwörth–Nürnberg), 5 km nördlich von Donauwörth.

Sehenswertes   **Klosterkirche** (1352–1387, Abt Ulrich III. Nibelung); **Kaisersaal und »Knastmuseum«** (Strafvollzug von 1780 bis heute), offen: Di–Sa 9–17 Uhr, So und Feiertage 10–17 Uhr; **Radlmuseum im Klosterkeller** (Oldtimer-Radl und Motorradl); in **Eichstätt: Dom** (8.–13. Jh., 1350–96, 1714–18 Gabriel de Gabrieli), **Residenz, Willibaldsburg** und **Jura-Museum.**

Reizvolle Wege   Die hügelige und von Wäldern, Tälern und Flußläufen durchzogene Jura-Landschaft Monheimer Alb bietet für Wanderer, Radfahrer und Motorisierte viele Möglichkeiten. Interessant für Motorradfahrer sind nicht nur das Off-Road-Gelände in Warching, sondern auch die kurvenreichen Sträßchen zwischen Wörnitz und Altmühl. *EvP*

Brauereigaststätte zum Stift, Kempten

Das Wichtigste in Kürze

Der Stiftsplatz ist der markanteste Punkt in Kempten. Hier liegt neben der alles beherrschenden Basilika die Brauereigaststätte zum Stift und der Biergarten. Unter alten Kastanien genießt man den Blick auf die Stiftskirche und die den Platz umgebenden Gebäude. Alles mit Bedienung.

Preise:	*Bier:* gehoben; *Brotzeiten:* gehoben; *Warme Speisen:* mittel bis gehoben
Öffnungszeiten:	9–24 Uhr
Anschrift:	Brauereigaststätte zum Stift, Stiftsplatz 1 87439 Kempten, Telefon 0831/22388
Bier:	Allgäuer Brauhaus, Kempten
Spezialität:	Allgäuer Zwiebelrostbraten
Spielplatz:	–
Sitzplätze:	350
Parkplatz:	Ausreichende Parkmöglichkeit

Mitten im Zentrum Kemptens, am Stiftsplatz, liegt die stattliche Brauerei-gaststätte zum Stift. Läßt man sich in ihrem Biergarten unter prächtigen alten Kastanien nieder, so blickt man auf drei ehrwürdige Gebäude: die imposante Stiftskirche St. Lorenz, der erste größere Kirchenbau in Süddeutschland nach dem Dreißigjährigen Krieg, und die Fürstäbtliche Residenz, ein ehemaliges Benediktinerkloster, beide in der zweiten Hälfte des 17. Jh. im barocken Stil erbaut, sowie das behäbige Kornhaus, das um 1700 auf dem großen Kornplatz errichtet wurde.

Soviel Geschichte rundum macht müde und hungrig, und so läßt man sich gerne von den Wirtsleuten, Familie Vetter, mit Allgäuer Schmankerln verwöhnen. Eine Reihe von deftigen Brotzeiten wartet auf den Gast. Unter den warmen Gerichten wird die Spezialität des Hauses, nämlich Allgäuer Zwiebelrostbraten mit Krautkrapfen und Käsespätzle gerne gegessen. Auch Allgäuer Spieß, Jungschweinebraten mit Apfelrotkraut und Semmelknödel oder Pfeffersteak können bestellt werden. Für Kinder werden kleine Portionen von Schweinebraten, paniertem Schnitzel oder Butterspätzle mit Champignonrahmsoße zubereitet.

| Der Weg | Von der A 7 Ausfahrt Kempten Richtung Kempten, über Berliner Platz, Adenauer-Ring, links in Memminger Straße einbiegen, Stiftsplatz. |

| Sehenswertes | **St.-Lorenz-Basilika** (1652, Michael Beer, Johann Serro; Doppelturmfassade, Kuppel); Prunkräume |

der **Residenz** (Führungen Mai–Sept. 10, 11, 14, 15 Uhr, außer Mo); **St. Mang** (1426, Matthias Wanckmüller; neugotischer Hochaltar, 1894, Leonhard Vogt); **Altstadt**, Rathaus, Bäckerstraße (17./18. Jh.); **Archäologischer Park Cambodunum**, offen: Mai–Okt. 10–17 Uhr, Nov.–Apr. 10–16.30 Uhr; **Alpinmuseum** (Flora, Fauna der Bergwelt, Skisammlung), offen: Di–So 10–16 Uhr.

| Reizvolle Wege | Die bewegte Geschichte dieser ehemals keltischen und römischen Stadt ist faszinierend. Um den Stifts- |

platz herum sind schon einige der sehenswerten Bauten versammelt; bei den kostenlosen Stadtführungen bekommt man noch wesentlich mehr zu sehen (Führungen ganzjährig: Sa 11 Uhr, Treffpunkt Burghalde). Die beste Aussicht über ganz Kempten und einen großen Teil der Alpenkette hat man vom Mariaberg (950 m) aus (Weg zu Fuß 1 1/2 Stunden).   *EvP*

Mönchshof Bräu, Kulmbach

Das Wichtigste in Kürze

Der Biergarten beim Mönchshof Bräuhaus ist groß, so wie auch die Brauerei. Zwischen den starken Kastanien und Fichten stehen die Tische und Bänke. Vorne zum Gasthof hin steht, fast wie ein auf einem kleinen Volksfestplatz, der schöne Musikpavillon. Er wird umringt von Häuschen, die jedes eine andere Spezialität anbieten: Wurst, Grillfleisch, Bratwürstl, Brezeln, Süßes und Eis. Zum Mönchshof Bier muß man nichts sagen, man trinkt es besser. Im Biergarten Selbstbedienung.

Preise:	*Bier:* mittel; *Brotzeiten:* mittel; *Warme Speisen:* mittel
Öffnungszeiten:	Di–So ab 10 Uhr
Anschrift:	Mönchshof Bräuhaus, Hoferstr. 20
	95326 Kulmbach, Telefon 09221/4264
Bier:	Mönchshof Bräu, alle Sorten
Spezialität:	Kulmbacher Pfefferhaxe
Spielplatz:	Vorhanden
Sitzplätze:	2000
Parkplatz:	Großer Parkplatz

Angezogen durch das Bayerische Brauereimuseum und die Führung durch die Mönchshof Bräu kommen jedes Jahr zahllose Bierfreunde und Kenner nach Kulmbach. Nach den anstrengenden Besichtigungen ist dann im Sommer die Bierprobe im Biergarten angesagt. Im kühlen Schatten der Kastanien und Fichten kann das Mönchshof Bier beweisen, daß es so gut schmeckt wie seine Braumeister behaupten. In den Gesichtern der Biergartler und an den Schaumringen im Krug kann man sehen, das sie nicht zuviel versprochen haben. Doch das Bier allein macht den Biergarten nicht aus. An den Ständen rund um den alten Musikpavillon findet man die richtige Unterlage für den ungetrübten Biergenuß. Von fränkischer Brotzeit über Grillspezialitäten bis zur Kulmbacher Pfefferhaxe wird dem hungrigen Gast die Entscheidung schwer gemacht. Man darf sich an den Ständen und am Ausschank seine Sachen selbst holen – das versteht sich als Aufbautraining für den Weg auf die Plassenburg und deren Besichtigung inklusive des Zinnfigurenmuseums. Wer den Biertourismus nicht hautnah erleben will, sollte während der Woche kommen.

Der Weg Von der Autobahn A 9, Kreuz Bayreuth/Kulmbach, auf die A 70 bis zur Ausfahrt 22 Kulmbach, dann auf die B 85 nach Kulmbach; in Kulmbach folgen wir der Beschilderung B 289 Richtung Hof.

Sehenswertes **Bayerisches Brauereimuseum Kulmbach** (gleich beim Biergarten, in einem historischen Gebäudetrakt der Kulmbacher Mönchshof Bräu); **Hohenzollernresidenz Plassenburg** (herrlicher Blick über Kulmbach); im Arsenalbau der Plassenburg **das Deutsche Zinnfigurenmuseum** (Weltgeschichte im Kleinen, dargestellt von über 300 000 Zinnfiguren); **Deutsches Dampflokomotiv-Museum** in Neuenmarkt.

Reizvolle Wege Von Bamberg auf der Landstraße nach Memmelsdorf, weiter nach Scheßlitz, hier fahren wir auf die B 22, auf der wir bis hinter Würgau bleiben. Auf der Landstraße weiter nach Stadelhofen, dort links in das Tal des Weismain. Durch das Kleinziegenfelder Tal mit seinen bizarren Felsen und Felsenformationen kommen wir nach Weismain. Rechts ab der Landstraße nach Mainleus folgen, von dort auf der B 289 nach Kulmbach. Vom Biergarten aus kann man mit einem historischen Dampfzug zum Dampflokomotiv-Museum in Neuenmarkt fahren, von dort weiter nach Marktschorgast auf der berühmten »Schiefen Ebene«, der ersten Schienen-Steilstrecke in Europa. *RM*

Gasthof zur Insel, Landshut

Das Wichtigste in Kürze

Dieser von schönen Kastanien beschattete Stadtbiergarten liegt an der großen Isar mitten in Landshut auf der Mühleninsel und mit herrlichem Blick auf die Altstadt. Bei Speisen und Getränken Bedienung.

Preise: *Bier:* gehoben; *Brotzeiten:* mittel;
Warme Speisen: mittel
Öffnungszeiten: 7–1 Uhr, kein Ruhetag
Anschrift: Gasthof zur Insel, Badstraße 16
84028 Landshut, Telefon 0871/22896
Bier: Paulaner Bräu, München
Spezialitäten: Heimische Fische und bayerische Küche
Spielplatz: Öffentlicher Spielplatz in der Nähe
Sitzplätze: 550
Parkplatz: 30 und im Parkhaus Mühleninsel

Auch dieser Biergarten steht auf historischem Boden. Nach dem Brand von 1342 entstand auf der heutigen Mühleninsel das Industriegebiet von Landshut mit Mühlen, Hammermühlen und vielen anderen Handwerksbetrieben. Die Spitalmühle wird 1536 erstmals erwähnt, etwa 60 Jahre später datieren die Ursprünge des heutigen Gasthofs zur Insel – damals wohl eher in der Funktion der Kantine für die Mühlenarbeiter. Die gigantischen Erweiterungspläne der letzten dort ansässigen Mühle (50 m hohe Silotürme sollten entstehen) veranlaßten eine der größten städtebaulichen Maßnahmen im Landshut der Neuzeit: Vor der parkmäßigen Umgestaltung ab 1978 wurde die Mühle abgerissen. Geblieben sind der 400 Jahre alte Gasthof zur Insel mit dem Biergarten, der gotische Stadl aus dem 14.–15. Jh., in dem wechselnde Kunstausstellungen gezeigt werden, und das Rauchensteinerhaus.

Im Biergarten sitzt man auf rot-weiß lackierten Stühlen unter riesigen Kastanien am Isarufer und genießt den herrlichen Blick auf die Altstadt mit Residenz und Martinsturm. Die Fülle des verlockenden Speisenangebotes macht einem die Wahl schwer: Für den kleinen Hunger werden alle Arten von kalten und warmen Brotzeiten angeboten, auch verschiedene Salatteller mit Putenwurst, Pilzen oder Fisch. Ebenfalls gibt es hausgemachte Lasagne, überbackenes Gemüse oder Fischfilet mit Salaten. Für den gestandenen Bayern werden natürlich auch deftige bayerische Gerichte wie Schweinebraten, Spanferkel oder Ente serviert. Wer noch nicht satt ist, kann als Abschluß Apfelkücherl, Apfelstrudel oder einen der Eisbecher verzehren.

Landshuter Altstadt

32

┌─────────────────┐
│   **Der Weg**   │
└─────────────────┘

Von der A 92 Ausfahrt Bruckberg/Landshut West folgt man den Wegweisern in die Stadtmitte, nach Überquerung der Isar erste Möglichkeit rechts, dann zum Parkhaus Mühleninsel.

┌─────────────────┐
│ **Sehenswertes** │
└─────────────────┘

Altstadt (Giebelhäuser des 15. und 16. Jh.); **St. Martinskirche** (1389–1500, Meister Hans von Burghausen; höchster Backsteinturm, 131 m); **Stadtresidenz** (Renaissance-palast 1536/37, heutige Fassade 1780; Prunkräume mit Stuck und Fresco), Führungen Apr.–Sept. 9–12 und 13–17 Uhr, Okt.–März 10–12 und 13–16 Uhr;

Martinskirche Landshut mit dem 131 m hohen Backsteinturm

Burg Trausnitz (1204–1578, bis 1503 Residenz der Wittelsbacher Herzöge von Bayern-Landshut), Führungen wie Stadtresidenz; in **Adlkofen: Automuseum** (Oldtimer: 80 Autos, 60 Motorräder); **Landshuter Fürstenhochzeit** (alle 4 Jahre), 1997: 28.06–20.07.

┌─────────────────────┐
│ **Reizvolle Wege** │
└─────────────────────┘

800 Jahre bewegter Geschichte haben in Landshut ihre Spuren hinterlassen. Die Altstadt mit dem Martinsturm und der Residenz bilden den historischen Kern, den man ohne Anstrengungen zu Fuß »erleben« kann. Wer mehr wissen will, kann sich den Stadtspaziergängen anschließen, die am Rathaus beim Eingang des Verkehrsvereins beginnen (Mai–Okt. Mi und Sa 15–17 Uhr; Nov.– Apr. Sa 14–16 Uhr; keine Anmeldung erforderlich). *EvP*

Das Wichtigste in Kürze

Am Stadtrand von Landshut liegt dieser einladende Biergarten mit lockerer Bestuhlung unter alten Kastanien, die auch etwas Sonne durchlassen. Er ist Teil des gekonnt renovierten »Hotel & Gastronomie Schlosses Schönbrunn«. Frühschoppen 10–11.30 Uhr (Weißwürste mit Brezeln); kalte Speisen 11.30–23 Uhr; warme Mahlzeiten 11.30–14 Uhr und 18–22 Uhr. Alles mit Bedienung, ab 1997 mit Selbstbedienungsbereich.

Preise:	*Bier:* mittel; *Brotzeiten:* mittel bis gehoben; *Warme Speisen:* mittel bis gehoben
Öffnungszeiten:	19–23 Uhr, Di Ruhetag
Anschrift:	Schloß Schönbrunn, Schönbrunn 1 84036 Landshut, Telefon 0871/9522-0
Bier:	Augustinerbräu München
Spezialität:	Niederbayerisches Kartoffelbratl, Mi Forelle aus dem Teich, Sa Grillabend
Spielplatz:	Viele Geräte und Kinder-»Biergarten« mit kleinen Tischen und Bänken
Sitzplätze:	400
Parkplatz:	70 eigene und 800 P+R-Plätze in der Nähe

33 Nur wenige Kilometer von der mittelalterlichen Residenzstadt Landshut entfernt liegt dieser einladende Biergarten. Durch einen Torbogen betritt man, vom Parkplatz kommend, den weitläufigen Garten. Locker aufgestellte Tische und Stühle und die alten Kastanienbäume, die auch Sonnenstrahlen durchlassen, schaffen eine angenehme heitere Atmosphäre. Links vom Eingang befindet sich das stattliche Hotel- und Restaurantgebäude, das sowohl außen als auch innen sehr gekonnt und aufwendig renoviert wurde. Ein glasüberdachter Durchgang führt zum modernen Küchentrakt (reizvoll der Kontrast zwischen alt und neu), der den Biergarten am anderen Ende begrenzt.

Im Biergarten werden nicht nur alle Arten von bayerischen Brotzeiten angeboten, sondern die ganze Speisekarte des Restaurants. Diese hält vor allem gutbürgerliche warme Gerichte wie Schweinebraten, Tafelspitz und Kalbsgeschnetzeltes, aber auch verschiedene Fischgerichte (teiweise aus dem Schloßteich) bereit. Mehrere Süßspeisen wie Rote Grütze, Crepes Suzettes oder das »Kleine Schloßgeheimnis« des Küchenchefs ergänzen das Angebot.

Viele Spielgeräte und ein »Kinderbiergarten« mit winzigen Tischen und Bänken machen den Biergarten Schönbrunn auch für Familien mit Kindern attraktiv.

Der Weg Von der A 92 Ausfahrt Landshut Nord folgt man den Wegweisern nach Vilsbiburg. Nach dem Überqueren der Isar an der Ampel links, nach 500 m Schönbrunn (ca. 4,5 km).

Sehenswertes **Altstadt** (Giebelhäuser des 15. und 16. Jh.); **St. Martinskirche** (1389–1500, Meister Hans von Burghausen; höchster Backsteinturm, 131 m); **Stadtresidenz** (1536/37, heutige Fassade 1780; Prunkräume mit Stuck und Fresco), Führungen Apr.–Sept. 9–12 und 13–17 Uhr, Okt.–März 10–12 und 13–16 Uhr; **Burg Trausnitz** (1204–1578, bis 1503 Residenz der Wittelsbacher Herzöge von Bayern-Landshut), Führungen wie Stadtresidenz; in **Adlkofen: Automuseum** (Oldtimer: 80 Autos, 60 Motorräder); **Landshuter Fürstenhochzeit** (alle 4 Jahre), 1997: 28.06–20.07.

Reizvolle Wege 800 Jahre bewegter Geschichte haben in Landshut ihre Spuren hinterlassen. Die einmalige Altstadt mit dem Martinsturm und der Residenz bilden den historischen Kern, den man ohne große Anstrengungen zu Fuß »erleben« kann. Wer mehr wissen will, der kann sich den geführten Stadtspaziergängen anschließen, die am Rathaus beim Eingang des Verkehrsvereins beginnen (Mai–Okt. Mi und Sa 15–17 Uhr; Nov.–Apr. Sa 14–16 Uhr; keine Anmeldung erforderlich). *EvP*

Gasthaus Wittmann, Marienthal am Regen

Das Wichtigste in Kürze

Ein prachtvoller Biergarten direkt an der Straße Regenstauf–Nittenau und Ausflugsziel von Wanderern, Radfahrern, Motorradfahrern und allen übrigen Mobilisten. Unter mächtigen Kastanien lädt der wohltuende Schatten zum Verweilen ein. Küche und Keller sind bereit, selbst den größten Ansturm zu bewältigen.

Preise: Bier: mittel; Brotzeiten: günstig;
                     Warme Speisen: günstig
Öffnungszeiten: 10–24 Uhr, kein Ruhetag
Anschrift: Pension-Gasthaus Wittmann
                     93128 Marienthal a. Regen, Telefon 09436/8345
Bier: Thurn u. Taxis, Schierlinger Roggen
Spezialitäten: Steckerlfisch, Grillhaxen, Fleisch und Wurst
                     aus der eigenen Metzgerei
Spielplatz: Vorhanden
Sitzplätze: 500
Parkplatz: Großer Parkplatz

34 **D**ort, wo der Regen sich mit einem großen Knie nach Süden wendet, um sich in Regensburg mit der Donau zu vermählen, liegt Marienthal. Auf kurvenreicher Straße ist es ein Naturgenuß, dem Fluß in seinem Tal zu folgen. So ist der Halt am Gasthaus von Max Wittmann fast zwangsläufig, um sich mit Muße der Landschaft hinzugeben. Wer von der Fischbacher Seite zu Fuß oder per Rad ankommt, wird auf ein kräftiges »hol über« mit dem Nachen übergesetzt. Die Freuden, die der Biergarten zu bieten hat, sind vielfältig: Bier, Radler, Brotzeit, Grillhaxen, Bratwürstl, Braten, Wild, Eintopf, Steckerlfisch, Kaffee, Kuchen und Blasmusik. Wer hier nicht seinen Gusto befriedigen kann, dem ist nicht zu helfen. Alles kommt aus der eigenen Metzgerei, von der eigenen Jagd und aus den heimischen Teichen. Wanderer, Radfahrer, Motorrad- und Autofahrer, alle finden den Weg nach Marienthal. Wer nicht schon per Pedes angekommen ist, kann vom Biergarten aus Spaziergänge oder Wanderungen unternehmen. Der Wirt hat ein Dutzend Wanderwege selbst ausgesteckt und gibt über Wegstrecke und Zeit gerne Auskunft. Sein Lieblingsweg ist der »Bierpantscherweg«, der zur Burgruine Stockenfels führt, wo nachts die Bierpantscher geistern sollen. Eine Sage, die der Wittmann Max den vielen anderen um Stockenfels hinzugefügt hat.

| **Der Weg** | Von der A 93 Ausfahrt 29 Regenstauf Richtung Regenstauf und Nittenau, nach 15 km Marienthal. |

Sehenswertes   **Regensburg**; in **Regenstauf** der Schloßberg, mit dem tiefen Brunnen und dem hohen Aussichtsturm (Blick ins Regental); auf dem Weg von Regenstauf nach Marienthal liegt links **Schloß Ramspau** (Barockanlage, auf den Ecktürmen mächtige Zwiebelkuppeln); in der Nähe von Marienthal, im Gemeindebereich Fischbach: **Burgruine Stockenfels** (sagenumwobene Geisterburg); zwei Kilometer flußauf **Burg Stefling** (991 erstmals urkundlich erwähnt).

Reizvolle Wege   Wir verlassen die A 93 bei Ausfahrt 30 Lappersdorf/ Cham und fahren auf der B 15 nach Regenstauf. In Regenstauf verlassen wir die B 15 und fahren rechts über Nittenau durch das Regental (ca. 15 km) nach Marienthal. Wer eine längere Route nehmen will, fährt an der Autobahnausfahrt weiter auf der B 16 Richtung Cham bis Roßbach, dort links abbiegen über Wald nach Walderbach (Klosterkirche 12. Jh.), dann links über Reichenbach (Klosterkirche) nach Nittenau, wo wir rechts nach Regenstauf fahren. Wir folgen ab Walderbach dem Regen flußabwärts. *RM*

Sailer-Keller, Marktoberdorf

35

Das Wichtigste in Kürze

Auf dem Schloßberg, ganz in der Nähe des früheren Fürstbischöflichen Schlosses (heute Bayerische Musikakademie) und der 200 Jahre alten Lindenallee steht der Sailer-Keller mit seinem herrlichen Kastaniengarten. Bei Speisen und Getränken Selbstbedienung.

Preise:	*Bier:* mittel; *Brotzeiten:* mittel; *Warme Speisen:* mittel
Öffnungszeiten:	Di–Fr 16–23 Uhr; Sa und So 10–23 Uhr
Anschrift:	Sailer-Keller, Kurfürstenallee
	87616 Marktoberdorf, Telefon 08342/40603
Bier:	Sailer-Bräu
Spezialitäten:	Grillgerichte, Brotzeiten, »Galgenessen«
Spielplatz:	Kinder-Cart-Bahn, Pony-Reiten u.a.
Sitzplätze:	400
Parkplatz:	Ausreichende Parkmöglichkeit

35 Wie viele andere wurde auch dieser Brauereikeller vor mehr als 100 Jahren zur Lagerung und Kühlung des Bieres in den Fels geschlagen. 1897 gesellten sich zu dem eingeschossigen Gebäude Kegelbahnen, ein Pavillon mit Schänke und Gastraum sowie ein Holzrundbau für Musikdarbietungen, in dem noch heute Live-Musik aller Art gespielt wird. Aber auch Flohmärkte und Kleinkunstveranstaltungen finden statt.

Im Biergarten können die Gäste zwischen Brotzeiten (von saurem Preßsack und Wurstsalat bis zur hausgemachten Tellersülze) und Fleisch vom Grill wählen. Grillgerichte wie Spare Ribs, Steaks, Spanferkel, Bratwürste sowie Schweins- und Kalbshaxen werden wechselnd angeboten. Die Spezialität des Hauses ist »Der Galgen, ein Traum von verschiedenem Gegrillten«. Verschiedene Salatteller und -schüsseln stehen zur Auswahl. Zum Nachtisch kann man sich Eis bestellen.

Besonders bemüht sich Frau Untersteggaber um das Wohl der Kinder. Für sie steht eine Kinder-Cart-Bahn und ein Spielplatz mit verschiedenen Geräten bereit. Kinderfeste und -Flohmärkte werden ebenfalls organisiert. Größte Attraktion: Ponyreiten!

Der Weg Von München der Kaufbeurer Straße bis Stadtmitte folgen, dann links in Fürstenstraße, weiter zur Kurfürstenallee und Kurfürstenstraße.

Sehenswertes Pfarrkirche **St. Martin** (Reichshofkirche um 750; romanischer Bau um 1200; Neubau 1732–34, Johann Georg Fischer, Franz Georg Hermann, Abraham Bader; Hochaltar 1747, Leonhard Fischer); **Fürstbischöfliches Schloß** (1723–28, Johann Georg Fischer, heute Bayerische Musikakademie); **St. Michael** (1728–31, Johann Georg Fischer, Ignaz Finsterwalder)

Reizvolle Wege Wer eine Woche Zeit hat, kann von Marktoberdorf auf dem 144 km langen Prälatenweg (es liegen viele sehenswerte Kirchen und Klöster an der Route) bis zum Kochelsee wandern.

Radfahrern empfiehlt sich einer der schönsten Radwanderwege des Ostallgäus, die sogenannte Dampflokrunde entlang der stillgelegten Bahnstrecke Marktoberdorf – Lechbruck (80 km).

Auf alle Fälle sollte man sich aber die Zeit nehmen, die einmalige, 200 Jahre alte und über 2 km lange Lindenallee im Höhenpark-Buchel (Einstieg beim Sailer-Keller) zu durchwandern.

EvP

Schloßwirtschaft Moos

Das Wichtigste in Kürze

Dies ist kein Landgasthof, sondern eine Wirtschaft auf dem Land, im Dorf Moos bei Plattling. Eigentlich sollte Moos Arco-Dorf heißen, denn Brauerei und Besitztümer des gräflichen Hauses Arco bestimmen das Erscheinungsbild und das wirtschaftliche Wohl der Gemeinde. Brotzeiten und Bier entsprechen der hohen Erwartung des Gastes. Im vorderen Bereich mit Bedienung.

Preise:	*Bier:* günstig; *Brotzeiten:* günstig; *Warme Speisen:* günstig
Öffnungszeiten:	Di–So 9–24 Uhr, Mo Ruhetag
Anschrift:	Schloßwirtschaft Moos 94554 Moos, Telefon 09938/229
Bier:	Arco-Bräu
Spezialitäten:	Spanferkel, Wildschwein
Spielplatz:	Großer Spielplatz
Sitzplätze:	1000
Parkplatz:	Ausreichende Parkmöglichkeit

36 Wenn man durch die alte Pappelallee nach Moos fährt, taucht unwillkürlich das Bild einer Pferdekutsche, eines Vierspänners, vor dem geistigen Auge auf. Man fühlt sich in die gute alte Zeit versetzt. Schloß und andere alte Gebäude sowie die Schloßwirtschaft geben die richtige Kulisse dafür. Man sieht und spürt: Hier ist etwas über Jahrhunderte in Wohlstand gewachsen. Die Erwartungen, die durch das äußere Erscheinungsbild geweckt wurden, werden von Wirtschaft und Biergarten erfüllt. Bier- und Biergartenkultur sind hier bodenständig, niederbayerisch, selbstbewußt. Vorne im Biergarten gibt es einen Bedienbereich, wo man in der Sonne oder unter den Sonnenschirmen sitzen kann, weiter hinten stehen die mächtigen Kastanien und Linden. Der Wirt und seine Mitarbeiter sind freundlich, von natürlicher Herzlichkeit. Am Stand gibt es Brotzeiten, Verschiedenes vom Grill, Rettich und Käse. Das Bier aus dem gräflichen Brauhaus Arco – in Moos gebraut, gelagert und gereift –, es gibt kaum einen besseren Platz, um es zu trinken. Wer nach diesen seelischen und leiblichen Genüssen die Bescheidenheit und Abgeschiedenheit eines Klosters kennenlernen will, kann sich in Kloster Niederalteich als Gast einfinden.

Der Weg Von der A 92 Ausfahrt 22 Plattling West auf die B 8 Richtung Passau, dann nach ca. 10 km links nach Moos abbiegen.

Sehenswertes **Wasserschloß in Moos** (Renaissanceschloß aus dem 16. Jh.); **Reitstall** direkt hinter dem Biergarten; »**Altschäffelhof**« (ein alter bewahrter Bauernhof); **Isarauen** an der Mündung der Isar in die Donau (eine unerschöpfliche Landschaft für den Naturfreund); **Kloster Niederalteich** (eines der ältesten Benediktinerklöster Bayerns, 741 gegründet) mit der **Klosterkirche St. Mauritius** (1718–26 unter Einbeziehung des Mauerwerks der gotischen Basilika umgebaut, beachtenswert: Chor und Sakristei).

Reizvolle Wege Wir verlassen die Autobahn A 3 bei der Ausfahrt 113 Garham/Vilshofen. Über Eging a. See, Außernzell, Iggensbach folgen wir der U 14/U 87. In Iggensbach fahren wir nach Hengersberg rechts der Donau. Nach einem Abstecher zum Benediktinerkloster Niederalteich fahren wir nach Osterhofen und überqueren bei Winzer die Donau. Wir treffen auf die B 8, von der wir rechts nach Plattling abbiegen. Auf dem halben Weg zwischen Osterhofen und Plattling biegen wir rechts ab nach Moos.

RM

Das Wichtigste in Kürze

Die Waldschänke Grieshaus liegt in den Isarauen, am Rande des geplanten Naturparks – eine Einöde abseits jeden Lärms, jeder Hektik: Natur pur. Die Brotzeiten sind so deftig wie die Wirtin, bei der man sofort spürt, daß sie sich über jeden neuen Gast, der ihren Biergarten gefunden hat, freut. Unter den prächtigen Kastanien und Linden verliert sich im angenehm kühlen Schatten schnell die Zeit.

Preise:	*Bier:* günstig; *Brotzeiten:* günstig; *Warme Speisen:* günstig
Öffnungszeiten:	Mi–Mo 9–1 Uhr, Di Ruhetag
Anschrift:	Waldschänke Grieshaus, Grieshaus 1 94554 Moos, Telefon 09938/359
Bier:	Arco-Bräu
Spezialitäten:	Brotzeiten, für Selbstversorger steht ein Leihgrill und ein Räucherofen zur Verfügung
Spielplatz:	Großer Spielplatz mit vielen Geräten
Sitzplätze:	450
Parkplatz:	Ausreichende Parkmöglichkeit

37 **D**ie Waldschänke Grieshaus ist ein Kleinod unter den Biergärten. Schon die Lage in den Isarauen ist ein Traum. Der prächtige Bestand des Biergartens an Kastanien und Linden wird umgeben von einem Naturpark. Direkt hinter der Wirtschaft ruht ein Altwasser, das an heimischer Flora und Fauna reich ist. Selbst bei regem Biergartenbetrieb ist die Ruhe der unberührten Natur nicht gestört. Bänke und Tische im Biergarten sind solide aus Holz, ebenso solide sind die Brotzeiten und Sonstiges aus der Küche. Die freundliche Wirtin sieht und hört alles, kümmert sich um alles, sie ist die »Mutter des Biergartens«. Schnell ist man am Stammtisch integriert, muß seine Meinung kund tun zu »unserem« Arco-Bier, muß erklären, wie man als nicht Einheimischer den Biergarten gefunden hat. Danach folgt die Aufklärung über die Umgebung und die Berge auf der anderen Seite der Isar, den Brotjackelriegel, Pichelstein und Ulrichsberg. Auch der Unterschied zwischen Oberbayern und Niederbayern wird erklärt: Die Oberbayern haben die höheren Berge, die Niederbayern den höheren Horizont. So angereichert mit den Eindrücken von Natur, Brotzeit, Bier und den erworbenen Heimatkenntnissen tritt man tief befriedigt den Heimweg an.

Der Weg

Von der A 92 Ausfahrt 22 Plattling West auf die B 8 Richtung Passau, nach ca. 10 km links nach Moos, durch den Ort fahren, dann nach Forstern und der Beschilderung »Grieshaus« folgen.

Sehenswertes

Wasserschloß in Moos (Renaissanceschloß aus dem 16. Jh.); **Reitstall** direkt hinter dem Biergarten; »**Altschäffelhof**« (ein alter bewahrter Bauernhof); **Isarauen** an der Mündung der Isar in die Donau; **Kloster Niederalteich** (eines der ältesten Benediktinerklöster Bayerns, 741 gegründet) mit der **Klosterkirche St. Mauritius** (1718–26 umgebaut, beachtenswert: Chor und Sakristei).

Reizvolle Wege

Wir verlassen die Autobahn A 3 bei der Ausfahrt 113 Garham/Vilshofen. Über Eging a. See, Außernzell, Iggensbach folgen wir der U 14/U 87. In Iggensbach fahren wir nach Hengersberg rechts der Donau. Nach einem Abstecher zum Kloster Niederalteich fahren wir nach Osterhofen und überqueren bei Winzer die Donau. Wir treffen auf die B 8, von der wir rechts nach Plattling abbiegen. Auf dem halben Weg zwischen Osterhofen und Plattling biegen wir rechts ab nach Moos. Durch den Ort nach Forstern, dann der Beschilderung »Grieshaus« folgen. Wenn man vor dem Damm rechts abbiegt, kann man die letzten Meter zu Fuß gehen. *RM*

Gasthaus Hammerwirt, Mühldorf

Das Wichtigste in Kürze

Nur wenige Kilometer südlich von Mühldorf, an einem kleinen romantischen See, liegt dieser von Kastanien, anderen Bäumen und Sonnenschirmen beschattete Biergarten. Bei Getränken und Speisen Bedienung.

Preise:	*Bier:* günstig; *Brotzeiten:* mittel; *Warme Speisen:* mittel bis günstig
Öffnungszeiten:	10–1 Uhr, Sa 15–1Uhr
Anschrift:	Gasthaus Hammerwirt, Hammer 2 84453 Mühldorf, Telefon 08631/5770
Bier:	Aldersbacher, Kaltenberg, Stauder, Unertl
Spezialitäten:	Bayerische Schmankerl, Forellen aus eigenem Teich
Spielplatz:	–
Sitzplätze:	300
Parkplatz:	Ausreichende Parkmöglichkeit

38 Vor mehr als 200 Jahren wurde am Hammerbach eine Hammerschmiede betrieben. Noch älter als die Schmiede ist das Haupthaus, das von Anfang an als Gastwirtschaft geführt wurde und in dem sich heute noch das Gasthaus Hammerwirt befindet. 1990 wurde es von Grund auf umgebaut und gekonnt renoviert. Ein pavillonähnlicher Bau erweitert das alte Gebäude über den Bach, der somit durch das Lokal fließt und dort ein altes Wasserrad antreibt. Kletterpflanzen am Wirtshaus unterstreichen den romantischen Charakter, den dieser idyllisch am See gelegene Landgasthof besitzt.

Mittags und abends stehen Schmankerl auf der Karte. Sie bestehen aus bayerischen Gerichten wie Lüngerl mit Knödel und Schweine- oder Jägerbraten. Aber auch gebratener Camembert mit Preiselbeeren, Knoblauchbaguette, gebratene Tintenfischringe und Grillwürstl mit verschiedenen Beilagen sind zu finden. An Werktagen wird ein Mittagsmenue angeboten. Ab 15 Uhr kann der Gast eine der typischen bayerischen Brotzeiten verzehren, z.B. Bierradi mit geschnittenem Almkäse. An einem Wochenende der Saison veranstaltet der Wirt ein Grillfest, bei dem man zwischen Steaks, Spare Ribs, Scampi oder Steckerlfisch (aus dem eigenen Teich) wählen kann.

Der Weg Nach der Innbrücke Mühldorf in Richtung Altötting nimmt man die erste Abzweigung nach rechts in Richtung Flossing, nach ca. 3 km Hammer.

Sehenswertes **Stadtplatz Mühldorf** (Häuser im Inn-Salzach-Stil, Stadttore, vier Brunnen; 17./18. Jh.); **Rathaus** (17. Jh.; Laubengänge, Sitzungssaal, Hexenkammer); **St. Nikolaus** (17./18. Jh.; Kuppelfresko, Hochaltar); **Kreismuseum Lodron-Haus**, offen: Di 14–19 Uhr; Mi, Do 14–16 Uhr, So 10–12 und 14–16 Uhr; **Nagelschmiedmuseum** im Nagelschmiedturm (Untergeschoß romanisch).

Reizvolle Wege Den schönen Weg von Mühldorf zum Hammerwirt kann man mit einer Radrundwanderung verbinden: Den Inn überquert man mit der historischen Innfähre (verkehrt von Karfreitag bis Allerheiligen an den Wochenenden und Feiertagen; Fr 13–20 Uhr, Sa, So und Feiertage 10–20 Uhr) und fährt dann über Starkheim (Naturlehrpfad), Annabrunn (St.-Anna-Kapelle, 1629), Ried, Gweng, Oberflossing, Unterflossing und Hammer nach Mühldorf (21 km). Für Fahrrad- und Motorradwanderer bietet sich an, entlang des Inns der landschaftlich reizvollen Strecke des Inntalradweges zu folgen.

EvP

Augustiner-Keller, München

Das Wichtigste in Kürze

Im Stadtzentrum von München, nur fünf Minuten vom Hauptbahnhof entfernt, liegt einer der beliebtesten Biergärten der Landeshauptstadt; für viele ist er sogar die Mutter aller Biergärten. Hier sitzt man wie im Park unter riesigen Kastanien und Eichen an runden Brauereitischen und läßt sich Speisen und Getränke bringen. Im dahinterliegenden Bereich ist Selbstbedienung angesagt, und Mitgebrachtes darf verzehrt werden.

Preise: *Bier:* gehoben; *Brotzeiten:* gehoben;
                 Warme Speisen: gehoben
Öffnungszeiten: 11–1 Uhr
Anschrift: Augustiner-Keller, Arnulfstraße 52
                 80335 München, Telefon 089/594393
Bier: Augustiner Bräu (Edelstoff vom Faß)
Spezialitäten: Hendl mit Butterkruste, Wollwürste, Obatzda
Spielplatz: Großer Spielplatz mit vielen Geräten
Sitzplätze: 4000
Parkplatz: In den umliegenden Straßen und an der Hackerbrücke

39 **D**ie Entstehung des Augustiner-Kellers ist dem »Stadtentwicklungsplan« von 1804–07 zu verdanken. Damals wurden die Brauereien an den Stadtrand, den heutigen Standort, verlegt. Die dort vorhandenen Kiesgruben wurden zum Bau von Sommerkellern für die Bierlagerung genutzt. Josef Wagner, Herr der Augustiner Brauerei, ließ 1812 diesen Keller in 10 m Tiefe bauen. Die beiden 40 m langen Tonnengewölbe konnten von Pferdefuhrwerken befahren werden. Jeweils am Ende befanden sich zwei riesige Eiskeller, die im Winter mit Eis gefüllt wurden und im Sommer für die richtige Temperatur sorgten. Bis 1891 drehte der sogenannte Bierochse seine Runden. Er lieferte die »Energie« für die Winde des Bieraufzuges, der die kühlen 200-Liter-Fässer nach oben beförderte. Auch heute wird das Augustiner noch aus den »Hirschen« gezapft, so heißen die großen Holzfässer; deshalb kommen die Gäste nicht nur aus München, sondern auch von weit her, um das frisch gezapfte Bier zu genießen.

Im Selbstbedienungsbereich kann die mitgebrachte Brotzeit verzehrt werden. Allerdings ist das Angebot in der »Schmankerlgasse« so verlockend, daß man fast nicht widerstehen kann. Neben den typisch bayerischen Brotzeiten gibt es Würstl und Salate. Vom Grill kommen Wammerl, Schaschlik, Spare Ribs und Hendl; bei der »Fischer Vroni« werden die Fische gebraten.

An den runden Brauereitischen werden die Gäste bedient. Auch hier gibt es natürlich eine große Auswahl an klassischen Brotzeiten und Gegrilltem, dazu noch eine Speisekarte, die u.a. Halsgrat mit Kruste, Holzfällersteak oder Schweinshaxe offeriert. Spezialität sind die abgebratenen kälbernen Wollwürste mit Kartoffelsalat und das beliebte Hendl mit Butterkruste und Petersilie.

Münchner Innenstadt mit Frauenkirche

Schloß Nymphenburg im Westen Münchens

Der Weg

Von der A 8 Obermenzing immer Hauptroute folgen: Verdistraße, Menzingerstraße, Romanplatz, Arnulf-straße. In München: mit S- oder U-Bahn zum Hauptbahnhof oder zur Hacker-brücke, von dort 5 Minuten zu Fuß.

Sehenswertes

Schloß Nymphenburg (Marstall-und Porzellanmu-seum, Schloßpark); **Botanischer Garten** (15000 ver-schiedene Pflanzen); **Frauenkirche** (1468–88, spätgotischer Backsteinbau, Jörg von Halspach, Ignaz Günther); **Marienplatz mit neugotischem Rathaus** (1867–1908); **Fußgängerzone**; »Alter Peter« – **Peterskirche** (1051, älteste Münchens, vom 90 m hohen Turm 100 km Fernsicht); **Theresienwiese** (Bava-ria, Ruhmeshalle, Oktoberfest).

Reizvolle Wege

Ein Spaziergang im Nymphenburger Schloßpark er-schließt die wechselvolle Entstehungsgeschichte dieses anderen »Englischen Gartens«: 1671 als italienischer Garten angelegt, wurde er im 18. Jh. nach französischem Vorbild umgestaltet. Im 19. Jh. mach-te ihn Friedrich Ludwig von Sckell zum englischen Landschaftsgarten. Im Park verteilt befinden sich mehrere sogenannte Burgen, von denen die Amalienburg, 1734–39 von Francois Cuvillés erbaut, besondere Beachtung verdient. Im Anschluß an den Schloßpark gibt es ein weiteres lohnendes Ziel: der Bota-nische Garten mit 15000 verschiedenen Pflanzen, die teilweise in wunder-schön gestalteten Freilandflächen zu bewundern sind; die wichtigsten sind die Farnschlucht, der Rhododendrenhain und der Rosengarten.   *EvP*

Waldwirtschaft Großhesselohe, München

Das Wichtigste in Kürze

Schon der Name signalisiert den Standort: In einem lichten Buchen-, Kastanien-, Linden- und Weidenwäldchen, 30 Minuten vom Stadtzentrum entfernt und dicht am Isar-Hochufer gelegen, finden wir diesen Traditions-Biergarten mit Atmosphäre. Alles Selbstbedienung; Mitgebrachtes darf verzehrt werden.

Preise:	*Bier:* gehoben; *Brotzeiten:* gehoben; *Warme Speisen:* gehoben
Öffnungszeiten:	11–22.30 Uhr, kein Ruhetag
Anschrift:	Waldwirtschaft Großhesselohe, Georg-Kalb-Straße 3 82049 Großhesselohe-Pullach, Telefon 089/795088
Bier:	Spatenbräu
Spezialitäten:	Spare Ribs, Steckerlfisch
Spielplatz:	Mit Minieisenbahn, Minigolf und Riesenschaukel, So Kasperltheater
Sitzplätze:	2000
Parkplatz:	Etwa 200 am Lokal, weitere in den umliegenden Straßen

Bis auf das Jahr 776 geht der Ursprung der Waldwirtschaft Großhesselohe, liebevoll »Wawi« genannt, zurück; und wenn man ihren begeisterten Anhängern glauben darf, hat sie bis heute nichts von ihrer Originalität und ihrem besonderen Charme eingebüßt.

Die regelmäßigen Jazz- und anderen Musikveranstaltungen im Biergarten sind schon Tradition (seit 20 Jahren) und waren auch für andere Biergärten beispielgebend: Jazz live auf einer überdachten und nach allen Seiten offenen Bühne und ohne Verstärker, damit es die Nachbarn nicht stört und Gespräche noch möglich sind.

An den ungedeckten Tischen können die Gäste entweder ihre mitgebrachten Speisen verzehren und sich ihre Getränke holen, oder sie suchen sich an den Selbstbedienungsständen eine Brotzeit wie Obatzda oder Steckerlfisch aus.

An den gedeckten Tischen vor der »Wawi« kann aus der Restaurantkarte bestellt werden. Auch hier werden verschiedene Würste oder die typischen bayerischen Brotzeiten wie Schweinebraten mit geriebenem Meerrettich angeboten. Für den kleinen Hunger gibt es Salate und kleine Gerichte wie Carpaccio vom Ochsenfilet. Bei den Hauptgerichten findet man auch Vegetarisches, z. B. Gemüselasagne mit Basilikum-Tomatensauce. Natürlich stehen auch viele Fleischgerichte zur Auswahl, u.a. Schweinebraten, Zwiebelrostbraten, Kalbshaxe oder Rehgeschnetzeltes. Verschiedene Suppen, Pilzgerichte und nicht zu vergessen Süßspeisen vervollkommnen das riesige Repertoire der »Wawi«-Küche.

| Der Weg | Von der A 95 Ausfahrt Fürstenried über Karlstadt- und Herterichstraße bis Wolfratshauser Straße; dort |

kurz stadtauswärts fahren und in Melchior-Straße nach links einbiegen, dann der Beschilderung folgen.

Von München: S 7 bis Großhesselohe/Isartalbahnhof, von dort 10 Minuten zu Fuß (Kreuzeckstraße, Promenadeweg).

| Sehenswertes | **Tierpark Hellabrunn**, offen: Apr.–Sept. 8–18 Uhr; Okt.–März 9–17 Uhr; **»Filmstadt« Geiselgasteig** |

(Bavaria Filmtour), offen: 1. März–31.Okt. 9–16 Uhr.

| Reizvolle Wege | Südlich von München bieten sich im Tal der Isar und den Waldgebieten auf beiden Seiten (Forstenrieder |

Park und Grünwalder Forst) ungezählte Ausflugsmöglichkeiten für Radfahrer und Wanderer.   *EvP*

Wirtshaus am Hart, München

Das Wichtigste in Kürze

Ein klassischer Vorstadt-Biergarten, zur Hälfte von alten Kastanien über-
schattet. Verzehr von Mitgebrachtem ist möglich. Es gibt Getränke, Brotzeiten und warme Speisen. Tagsüber Bedienung. Ab 18 Uhr für Getränke
auch Selbstbedienung mit Preisabschlag.

Preise:	*Bier und andere Getränke:* gehoben; *Brotzeiten:* mittel; *Warme Speisen:* mittel
Öffnungszeiten:	11–23 Uhr, Sa ab 15 Uhr
Anschrift:	Wirtshaus am Hart, Sudetendeutsche Str. 40 80937 München, Telefon: 089/3116039
Bier:	Löwenbräu, Guinness vom Faß, Kilkenny
Spezialitäten:	Krustenbraten, Spare Ribs und vegetarische Gerichte
Spielplatz:	Klein, mit Rutsche und Sandkasten, vom Biergarten gut einsehbar
Sitzplätze:	500
Parkplatz:	Parkmöglichkeiten nur in den angrenzenden Straßen

Die gemütliche Vorstadtwirtschaft mit Biergarten liegt in einer fast ländlich wirkenden Einfamilienhaussiedlung im Norden Münchens, unweit von Schloß Schleißheim und der Olympia-Ruderregattastrecke. Sie bildet mit der bekannten Kleinkunstbühne »Hinterhoftheater« eine organisatorische Einheit. Vom kulturellen Engagement des Wirts zeugen auch die im Garten aufgestellten überlebensgroßen Skulpturen. Alte Kastanien umgrenzen den Biergarten und beschatten die Hälfte der Tische.

Kreativ ist auch die Speisekarte: Zwei überdimensionale Tafeln informieren über das aktuelle Angebot. Außer den üblichen Brotzeiten stehen u.a. mehrere warme Gerichte wie Schweinekrustenbraten, Spare Ribs mit Honigsoße und vegetarische Gerichte zur Auswahl. Auch die Getränkeliste erfüllt viele Wünsche: Biere von Löwenbräu, Guinness und Kilkenny sowie eine Reihe guter Schoppenweine und alkoholfreier Getränke.

Familien mit Kindern sind willkommen: Im umzäunten Gelände und vom Biergarten gut einsehbar befindet sich ein kleiner Spielplatz mit Sandkasten und Rutsche. Alle Gerichte sind für Kinder in geringerer Menge mit 1/3 Preisabschlag zu haben.

Für Autofahrer auf dem Weg zwischen A 8 und A 9 bietet sich hier nur wenige Minuten von der Autobahn entfernt eine angenehme »Raststätte«.

Der Weg

Am nördlichen Stadtrand von München gelegen. Von der A 99 Ausfahrt Neuherberg sind es 4,3 km stadteinwärts. Nach 3,7 km rechts in die Sudetendeutsche Straße. In München: Mit U 8 in ca. 20 Minuten vom Zentrum bis Haltestelle »Am Hart«, von dort 3 Minuten zu Fuß.

Sehenswertes

Gelände der Olympiade 1972; Fernsehturm; BMW-Museum; Schloß Schleißheim (Museum, Gemäldegalerie, Porzellansammlung); Flugwerft Schleißheim; Olympia-Ruderregattastrecke.

Reizvolle Wege

Landschaftlich interessante Wege in der Nähe des Wirtshauses gibt es nur für Radfahrer und Wanderer. Sie führen vom nördlichen Ende der Schleißheimer Straße durch ein Heidegebiet zu den Sehenswürdigkeiten in Schleißheim und dann weiter zur Ruderregattastrecke mit Bademöglichkeit. Von hier aus lassen sich die angrenzenden Moorgebiete, bis Dachau im Westen und Haimhausen im Norden, erschließen.

EvP

Das Wichtigste in Kürze

Einer der traditionsreichen Münchner Biergärten mit überwiegend schattigen Sitzplätzen. Verzehr von Mitgebrachtem möglich. Bei Getränken und Brotzeiten Selbstbedienung. An den gedeckten Tischen und auf der Hausterrasse umfangreiche Speisekarte und Bedienung.

Preise:	*Bier und andere Getränke:* gehoben; *Brotzeiten:* mittel, *Warme Gerichte:* gehoben
Öffnungszeiten:	9.30 – 23 Uhr
Anschrift:	Zum Aumeister, Sondermeier Str. 1 80939 München-Freimann, Telefon 089/325224
Bier:	Hofbräuhaus München
Spezialität:	Gegrilltes und selbstgebackene Brezen
Spielplatz:	Klettergerüst, Karussell und Sandkasten
Sitzplätze:	2000
Parkplatz:	400 Plätze stehen zur Verfügung

Dieser klassische Biergarten mit seinen überwiegend von schönen Kastanien beschatteten Sitzplätzen liegt in der nördlichsten Ecke des Englischen Gartens, Münchens grüner Lunge. Diese Lage und die landschaftlich reizvollen, vom Autoverkehr verschonten Anfahrtswege durch den Park machen den Aumeister besonders an schönen Wochenenden zu einem begehrten Ausflugsziel für Radfahrer und Wanderer. Wer es etwas ruhiger haben möchte, sollte aber lieber während der Woche hierherkommen.

An den ungedeckten Tischen bedient man sich selbst; die gut organisierten Brotzeitstandl bieten neben den traditionellen kalten Brotzeiten auch Gegrilltes und mehrere warme Gerichte. Biere von Hofbräu, Helles und Weißbier vom Faß, sowie alle gängigen alkoholfreien Getränke stehen bereit.

Auch für Familien mit Kindern ist dieser Biergarten ein ideales Ziel; denn der Spielplatz mit Karussell, Klettergerüst und Sandkasten sorgt für ausreichende Beschäftigung der Kleinen.

Eilige Autofahrer, die das nahegelegene Verkehrsdrehkreuz verlassen wollen, finden hier gute Parkmöglichkeiten und eine Oase, die sich für eine ausgedehnte Rast empfiehlt.

Der Weg

Am nördlichen Stadtrand von München gelegen; in der Nähe enden die A 9 – Nürnberg und die B11 – Freising. Radfahrer und Wanderer wählen vom Zentrum den Weg durch den Englischen Garten oder die U 6 bis Haltestelle Studentenstadt; von dort 15 Minuten zu Fuß.

Sehenswertes

Englischer Garten, Haus der Kunst, Bayerisches Nationalmuseum, Tennisanlage Iphitos.

Reizvolle Wege

Für Radfahrer und Wanderer ist der Weg durch den Englischen Garten die interessanteste Möglichkeit, zum Aumeister zu gelangen. Diese vom Grafen Rumford geschaffene, 360 ha große und von mehreren Bächen durchflossene grüne Insel inmitten der Stadt erstreckt sich von der Prinzregentenstraße bis zum nördlichsten Stadtrand am linken Ufer der Isar. Am Haus der Kunst beginnt der Park mit der von Sonnenanbetern und Voyeuren besuchten »Nackertenwiese«. Monopteros, Chinesischer Turm und Kleinhesseloher See sind die weiteren markanten Punkte auf unserem Weg. Wer noch mehr Zeit hat, kann auf den Auwegen entlang der Isar bis Ismaning und Garching radeln und für ein erfrischendes Bad eine der Kiesbänke in der Isar ansteuern. *EvP*

Zur Inselmühle, München

Das Wichtigste in Kürze

Der idyllische Biergarten der Inselmühle liegt am westlichen Stadtrand von München, nur wenige Kilometer vom Ende der A 8 und an der Würm. Alles Selbstbedienung; Mitgebrachtes darf verzehrt werden.

Preise: *Bier:* günstig bis gehoben; *Brotzeiten:* günstig; *Warme Speisen:* günstig
Öffnungszeiten: 11–23 Uhr (Ausschank 22 Uhr); kein Ruhetag
Anschrift: Inselmühle, Von-Kahr-Straße 87
80999 München, Telefon 089/8101110
Bier: Löwenbräu
Spezialitäten: Günstige Schweinshaxe für zwei Personen, »weltbekannte« Hendln
Spielplatz: Mit mehreren Spielgeräten
Sitzplätze: 800
Parkplatz: In der Nähe ausreichende Parkmöglichkeit

Wer das kurze Stück von der Autobahn und weiter in die belebte Pippinger Straße fährt, ist überrascht, an deren Ende diese Biergarten-Oase vorzufinden. Noch bevor man die Würmbrücke zur Inselmühle überquert, biegt man nach rechts in ein kleines Wäldchen aus alten Kastanien und anderen Bäumen. Sie bilden das schattenspendende Laubdach für die locker bis an die Würm stehenden Brauereitische. Eine kleine Bucht der Würm reicht bis weit in die Mitte des Biergartens und bringt Schwärme von hungrigen Fischen bis vor die Gästetische.

Mit dem schmucken Gebäude für die Zubereitung und die Ausgabe der Biergarten-Speisen und Getränke hat man in dem »Park« an der Würm einen markanten Kontrapunkt geschaffen zur Inselmühle am anderen Ufer.

Auch die Idee, in den Zeiten, in denen die Gästezahl nicht so hoch ist, die Getränke im Preis deutlich herabzusetzen, ist besucherfreundlich. Während der sogenannten Happy Hour, Mo–Fr 10–17 Uhr, erhält man die Maß um über 20% günstiger! Und daß die Schweinshaxe für zwei Personen weniger als zehn Mark kostet, ist schon eine Sensation. Ansonsten stehen sämtliche klassischen Brotzeiten zur Auswahl, angefangen von unterschiedlich belegtem Brot über Obatzdn, diverse Käse bis zum Wurstsalat und anderen Salaten. An warmen Speisen werden Wammerl, Leberkäs, Riesenhaxen, Spare Ribs, Rollbraten oder Hendl angeboten.

Der Weg Vom Ende der A 8 bis zur ersten Ampel, dann links in die Pippinger Straße bis Ende und zur zweiten Ampel. Der Biergarten liegt gleich rechts vor der Würmbrücke.

Sehenswertes **Schloß Blutenburg** (15. Jh.; Schloßkapelle, 1488; Internationale Jugendbibliothek); **Schloß Nymphenburg** (17. Jh., Erweiterungen im 18. Jh., Marstall- und Porzellanmuseum, Schloßpark mit Amalienburg); **KZ-Gedenkstätte Dachau**, offen: Di–So 9–17 Uhr; **Schloß Dachau** (16. Jh.; bedeutender Renaissance-Saal mit Holzdecke; barocker Schloßgarten mit Lindenallee); **Gemäldegalerie Dachau** (Dachauer Malschule 19./20.Jh.).

Reizvolle Wege Im Biergarten der Inselmühle trifft man viele Radler – kein Wunder, die herrliche Auenlandschaft entlang der Würm bietet grenzenlosen Radlspaß am westlichen Stadtrand. Aber auch zu unseren Sehenswürdigkeiten in Dachau könnte man weite Strecken an oder in der Nähe der Würm zurücklegen. *EvP*

Einkehr zum Ähndl, Murnau-Ramsach

44

Das Wichtigste in Kürze

Etwas südlich von Murnau, am Rande des Murnauer Mooses, liegt das Ähndl und sein Mesnerhäusl, die heutige Einkehr zum Ähndl. Im Schatten der riesigen Kastanie und der Linden genießt man den Blick auf das Moor und die nahen Berge. Alles mit Bedienung.

Preise: *Bier:* mittel; *Brotzeiten:* mittel; *Warme Speisen:* mittel
Öffnungszeiten: Sa und So 10–22 Uhr; Mo, Di, Mi, Fr 11–22 Uhr; Do Ruhetag
Anschrift: Gasthaus Ähndl, Ramsach 2
82418 Murnau, Telefon 08841/5241
Bier: Karg-Weizen, Murnau; Paulaner
Spezialitäten: Bayerische Brotzeiten, Schweinebraten, Kirchweih-Gans
Spielplatz: Kleiner Spielplatz und große Wiese
Sitzplätze: 150
Parkplatz: Ausreichende Parkmöglichkeit

Ähndl (von Ahne) ist die älteste Kirche in der Gegend um Murnau und wurde deshalb im Volksmund liebevoll so genannt. Dieses schlichte, aber sehenswerte spätgotische St.-Georgs-Kircherl soll um 750 vom hl. Bonifazius die Weihe erhalten haben. Während des Dreißigjährigen Krieges war hier der Pestfriedhof, und 1740 bekam das Ähndl seine heutige Form. Kirche und ehemaliges Mesnerhäusl liegen auf dem untersten Buckel des Murnauer Molassehöhenrückens. Eine riesige Kastanie und mehrere Linden beschatten die kleine Anhöhe vor dem Mesnerhaus – heute die »Einkehr zum Ähndl«. Man sitzt an fest installierten Holztischen und genießt den Blick auf das ruhende Moor.

Im Biergarten steht dem Gast ein großes Angebot an bayerischen Brotzeiten zur Verfügung. Die Karte mit warmen Speisen wechselt und bietet ebenfalls hauptsächlich bayerische Gerichte an. Es werden Schweine- und Sauerbraten gekocht. An Hausmannskost gibt es Käsespatzen, Lüngerl mit Semmelknödel, Tellerfleisch oder Leberknödel auf Sauerkraut. Kleine Gerichte wie geräuchertes Forellenfilet und Spargeltoast sind das Richtige, wenn man keinen allzu großen Hunger hat. Aber auch Rückensteak, »Grillteller Ähndl« oder die Spezialität des Hauses, Kirchweihgans, werden serviert.

Der Weg

Von der A 95 Ausfahrt Murnau/Kochel nach Murnau, ca. 250 m nach dem Ortsende (Ortsschild Richtung Garmisch) rechts Wegweiser Ramsach/Ähndl folgen.

Sehenswertes

Pfarrkirche St. Nikolaus, Murnau (1717–21); **Ähndl** (St. Georg, um 750, Weihe hl. Bonifazius); »**Russen-Haus**« (Gabriele-Münter-Haus; Gemälde, Grafiken, Originaleinrichtung aus der Zeit 1908–14, als Gabriele Münter und Wassili Kandinsky dort wohnten); **Schloßmuseum** (Werke von Gabriele Münter, Ödön von Horváth).

Reizvolle Wege

Von den vielen Möglichkeiten, die traumhafte Moor-, Seen- und Berglandschaft um Murnau wandernd zu erleben, möchten wir die Rundwanderung durch das Murnauer Moos hervorheben: Sie beginnt am Ähndl und führt über das artenreiche Flachmoor zum landschaftlich reizvollen Hochmoor »Langer Filz« und zurück über Moosrain mit herrlichem Blick auf das Ester- und Wettersteingebirge sowie die Ammergauer und Aschauer Berge. Weitere Vorschläge des rührigen Murnauer Verkehrsamtes sind der Staffelsee-Rundweg (22 km), der Riegsee-Rundweg (8 km), beide mit schönen Bademöglichkeiten, sowie der Hörnle Rundweg (4–5 Stunden) und der Heimgarten-Rundweg (4–5 Stunden). *EvP*

Brauerei & Gaststätte Schlößle, Neu-Ulm

45

Das Wichtigste in Kürze

Der Biergarten des Schlößle liegt im Stadtteil Offenhausen, nur 2 km vom Zentrum Neu-Ulms entfernt. Unter den parkähnlich locker stehenden alten Kastanien sitzt man an bunt »betuchten« runden Brauereitischen. Bei Getränken Selbstbedienung; dabei bestellt man die Speisen, die serviert werden.

Preise:	*Bier:* mittel, *Brotzeiten:* mittel, *Warme Speisen:* mittel bis gehoben
Öffnungszeiten:	Do–Di 10.30–22 Uhr; Mi ab 16 Uhr nur kalte Speisen und Getränke
Anschrift:	Brauerei & Gaststätte Schlößle, Schlößleweg 3 89231 Neu-Ulm-Offenhausen, Telefon 0731/77390
Bier:	Schlößle
Spezialitäten:	Bierbraten, saure Kutteln
Spielplatz:	Mehrere Spielgeräte
Sitzplätze:	400
Parkplatz:	In den umliegenden Straßen

Ursprünglich war das Schlößle Burgstall und Patriziersitz; seine Grundmauern sind mehr als 650 Jahre alt. Seit 1690 wurde hier Bier gebraut (eine der ältesten bayerischen Brauereien mit angeschlossener Gaststätte), und seit 1673 besaß es die Tafernrechte zur Bewirtung von Gästen.

Auch der Biergarten hat jahrhundertelange Tradition. Früher hatte er sogar über 1000 Sitzplätze, aber sein Speisenangebot war begrenzt, da es damals üblich war, sich seine Brotzeit mitzubringen. Das Schlößle befindet sich nun seit mehr als 110 Jahren im Besitz der Familie Zoller. 1993 nahm sie einen grundlegenden Um- und Ausbau vor.

Das Küchenangebot ist gutbürgerlich-schwäbisch. So gibt es z.B. bei den Brotzeiten Ochsenmaulsalat, hausgemachte Tellersulz oder eine »Lumpensuppe« (Lyoner, Roter Preßsack und Romadur). Auch bei den warmen Speisen gibt es typisch schwäbische Gerichte: »Bierbraten Schlößle« mit deftiger Biersauce und Spätzle, Maultaschen mit Schmelzzwiebeln und Käsespätzle. Eine Karte nur mit Salaten steht ebenfalls bereit. Für Kinder, Senioren und Erwachsene mit wenig Hunger werden kleinere Mahlzeiten günstig angeboten.

Der Weg

Von der A 7 Ausfahrt Nersingen/Neu-Ulm Richtung Neu-Ulm, vor Brücke rechts nach Offenhausen, Max-Eythstr. bis Ampel (links BP), dort links in vierspurige B 10 bis Schlössleweg rechts.

Sehenswertes

Ulmer Münster (1377–1533, Spätgotik; Fam. Parler, Fam. Ensinger, Matthäus Böblinger; Hauptportal, Kanzel, Taufstein, Chorgestühl, Glasfenster; höchster Kirchturm, Fernsicht), offen: 7–19.45 Uhr; **Altstadt**; **Ulmer Museum** (Kunst und Handwerk vom Mittelalter bis 20. Jh.; Ur-und Frühgeschichte des Ulmer Raumes), offen: Di–So 11–17 Uhr; **Deutsches Brotmuseum** (9000 Objekte zur Geschichte und Herstellung von Brot), offen: Di–So 10–17 Uhr, Mi bis 20.30 Uhr.

Reizvolle Wege

Am besten lernt man die frühere Freie Reichsstadt Ulm kennen, wenn man an einem der geführten Stadtrundgänge teilnimmt (Auskunft und Start: Tourist Information, Münsterplatz); eine Turmbesteigung verschafft den totalen Überblick! Eine Tagesetappe auf der Oberschwäbischen Barockstraße führt über Blaubeuren (Blautopf, Klosterkirche, Hochaltar), Scheklingen (Heimatmuseum, St. Afra 1300, bedeutender Zyklus hochgotischer Malerei), Erbach (Barockkirche und Schloß) und Ehingen (barocke Konviktskirche). *EvP*

Meyers Keller, Nördlingen

Das Wichtigste in Kürze

Schon der Standort »Marienhöhe« am Stadtrand und etwas oberhalb der Stadt Nördlingen verrät, daß es sich um einen klassischen Brauereikeller handelt. Im Schatten der großen Linden und Kastanien sitzt man an fest installierten Tischen und Bänken – mit Lehne! Getränke holt man sich selbst an der Theke, dabei nennt man seinen Speisenwunsch – das Essen wird serviert. Mitgebrachtes kann verzehrt werden.

Preise:	*Bier:* mittel; *Brotzeiten:* mittel;
	Warme Speisen: mittel bis gehoben
Öffnungszeiten:	11.30–22 Uhr; warme Küche 11.30–14 Uhr
	und 17–22 Uhr; dazwischen Brotzeiten;
	im Biergarten kein Ruhetag
Anschrift:	Meyers Keller, Marienhöhe 8
	86720 Nördlingen, Telefon 09081/4493
Bier:	Ankerbräu Nördlingen, alles vom Faß
Spezialität:	Wechselnde Karte nach Saisonangebot
Spielplatz:	Sandkasten
Sitzplätze:	360
Parkplatz:	20 am Lokal, weitere in den umliegenden Straßen

$B$is 1974 wurde in der ehemaligen Brauerei am Kellerberg oberhalb von Nördlingen Bier gebraut und im Kellergewölbe mit Natureis gekühlt. Dazu war die Lage am dicht bewaldeten Hang ideal. Die Mutter des jetzigen Besitzers Joachim Kaiser war noch selbst Braumeisterin.

Im traditionsreichen Restaurant Meyers Keller wird moderne Küche in Spitzenqualität gekocht. Der Besitzer hat sich den »Jeunes Restaurateurs d´Europe« angeschlossen, einer internationalen Vereinigung von über 300 Küchenchefs, die sich als Ziel gesetzt haben, exzellent zu kochen und Neues zu kreieren.

Seit 1984 gibt es neben dem Restaurant auch den Biergarten; hier werden außer Brotzeiten täglich wechselnd regionale Gerichte angeboten, deren Zutaten der Saison angepaßt sind, z.B. die Salatschüssel »Wochenmarkt« mit allem, was der Markt frisch zu bieten hat, das Blutwurstgröstl mit glacierten Äpfeln oder hausgemachte Maultaschen mit frischen Pfifferlingen in Sahnesauce. Als Nachtisch kann man einen Kaiserschmarrn mit frischen Beeren und Vanilleschaum verzehren, dessen Anblick allein schon ein Genuß ist.

Im »Bierstüble«, das es seit November 1995 gibt, werden Brotzeiten und deftige, aber phantasievolle regionale Speisen angeboten.

Der Weg

Von der B 25 (Süd) Wegweisern zur Stadtmitte bis kurz vor Reimlinger Tor folgen, dann Oskar-Mayer-Straße in Richtung Höchstädt bis zur Straße »In der Pfanne« und zum Schild »Meyers Keller«.

Sehenswertes

Stadtmauer mit fünf Toren und 16 Türmen (14. Jh.); **Daniel**, der Turm der spätgotischen Hallenkirche mit Türmer (1427 und 1505–1519); **Stadtmuseum**, offen: 1. März–30. Okt., 10–12 und 13.30–16.30 Uhr, außer Mo; **Stadtmauermuseum** (Kupferstiche, Aquarelle, Zinnfiguren, faszinierender Rundblick vom Turm), offen: Ostern–15. Okt., Fr, Sa, So 10–12 und 13.30–16.30 Uhr; **Rieskratermuseum**, offen: Di–So 10–12 und 13.30–16 Uhr; **Bayerisches Eisenbahnmuseum** e.V. (100 Originalfahrzeuge, 25 Dampflokomotiven), offen: 1. März–31. Okt., So 10–18 Uhr.

Reizvolle Wege

Das Verkehrsamt der Stadt Nördlingen hält Informationsmaterial bereit: Die Broschüre »Nördlingen, die herrliche alte Reichsstadt an der Romantischen Straße« informiert über die Baudenkmäler und ihre Standorte. Empfohlen werden die Rundgänge A (30–45 Minuten) und B (30–45 Minuten) im Kernbereich; der Rundgang C (45–60 Minuten) erschließt die 3 km lange Stadtmauer.

EvP

Lederer Biergarten, Nürnberg

Das Wichtigste in Kürze

Ein großer Biergarten mit einem prächtigen Bestand an Kastanien und Linden. Die Biertische und Bänke sind großzügig aufgestellt. An der Brauerei stehen die Theken für Brotzeiten und Gegrilltes, links und rechts davon auf der Terrasse wird bedient. Im Garten befindet sich der Ausschank. Im hinteren Bereich gibt es einen großen Kinderspielplatz mit allerlei Geräten.

Preise:	*Bier:* günstig; *Brotzeiten:* günstig; *Warme Speisen:* günstig
Öffnungszeiten:	10–23 Uhr
Anschrift:	Lederer Kulturbrauerei, Sielstr. 12 90429 Nürnberg, Telefon 0911/268665
Bier:	Lederer Bräu
Spezialität:	»Kroko für Vier« (10 Pfund Spare Ribs und 10 Liter Bier)
Spielplatz:	Mit vielen Geräten
Sitzplätze:	1000
Parkplatz:	Ausreichende Parkmöglichkeit

D er Lederer Biergarten heißt eigentlich vollständig »Lederer Kulturbrauerei, Biersiederei & Sommerkeller«. Das liest sich etwas hochtrabend, ist aber ernst gemeint. Braukultur, Tradition und Innovation im Nürnberger Brauereiwesen sind eng mit dem Namen Lederer verbunden. Die Brauerei hat als erste Bierfässer mit der Eisenbahn transportiert – es war der erste Gütertransport auf der Schiene überhaupt. Auch die erste Dampfmaschine in einer Brauerei stand bei Lederer. In der Werbung ging Lederer ebenfalls eigene Wege; die Schutzmarke mit dem Holzkrug und dem Krokodil sorgte vor 100 Jahren für Gesprächsstoff. Im Lederer Biergarten soll diese Tradition wiederbelebt werden. Die Voraussetzungen sind gut, der Garten ist prächtig, das naturtrübe Krokodil Spezial ist süffig, die Brotzeiten und das Essen fränkisch. Die junge Truppe, die den Lederer Biergarten übernommen hat, ist mit Begeisterung und Schwung dabei. Dieser Schwung und die fröhliche Unbeschwertheit übertragen sich auf Garten und Gäste. So ist der Lederer Biergarten eine Bereicherung der Nürnberger Biergartenkultur.

Der Weg

Autobahn A 3 Nürnberg–Würzburg Ausfahrt 84 Tennenlohe-Nürnberg, dann ca. 10 km immer geradeaus bis zum Ring, dann rechts ab am Johannis Friedhof vorbei, über die Pegnitzbrücke, links in kleine Straße am Park, Biergarten nach 300 Metern rechts.

Sehenswertes

Brauerei am Biergarten; **Kaiserburg** (1050–1571, wurde von allen deutschen Kaisern bewohnt) mit Kaiserkapelle (unter Kaiser Barbarossa gebaut) sowie Burgbrunnen. Die **Lorenzkirche**, der »**Schöne Brunnen**« am Hauptmarkt, das **Germanische Nationalmuseum**, der **Handwerkerhof**, das **Bratwursthäusle**, altes **Rathaus**, der **Tierpark** mit Delphinarium – Nürnberg braucht mehr als einen Besuch, um zu sehen und zu erleben.

Reizvolle Wege

Von der Autobahn A 9 München–Nürnberg Ausfahrt 58 Kinding, dann in das Altmühltal bis Beilngries. Neun Türme hat die Stadt zu bieten. Dann geht es weiter nach Berching, wo man an der Stadtmauer entlang gehen kann. Die Wehranlagen und 13 Türme aus dem 15. Jh. sind noch erhalten. Von Berching geht's über Neumarkt nach Postbauer-Heng; der nahe gelegene Dillberg bietet einen wunderbaren Blick bis nach Nürnberg. Weiter nach Feucht, dann besser auf der Autobahn Nürnberg umfahren, um schließlich auf der A 3 Nürnberg Nord Richtung Biergarten auszufahren.

RM

Tucherhof, Nürnberg

Das Wichtigste in Kürze

Der Tucherhof-Biergarten ist zur Zeit der »in«-Biergarten in Nürnberg. Hier ist immer etwas los, man sieht und wird gesehen. Die Bühne im Tucherhof wird von zahlreichen Bands aller Stilrichtungen gern und oft genutzt. Das zieht die Leute an, schließlich sind auch Brotzeit und Bier in Ordnung. Neben Ausschank und Theke gibt es eine leistungsfähige Grillstation. Alles mit Selbstbedienung.

Preise:	*Bier:* mittel; *Brotzeiten:* mittel; *Warme Speisen:* mittel
Öffnungszeiten:	Mo–Fr 16–24 Uhr, Sa 14–24 Uhr, So 11–24 Uhr
Anschrift:	Tucherhof, Marienbergstraße 110 90411 Nürnberg, Telefon 0911/525329
Bier:	Tucher, Hell und Weizen vom Faß
Spezialität:	Grillfleisch, frische Brezeln
Spielplatz:	Vorhanden, abgetrennt vom Biergarten
Sitzplätze:	1500
Parkplatz:	Ausreichende Parkmöglichkeit

Der Tucherhof hat sich unter seiner engagierten Wirtin in den letzten Jahren zu *dem* Biergarten in Nürnberg entwickelt. Wesentlich für diesen starken Zuspruch sind sicherlich die zahlreichen Musikveranstaltungen auf der Bühne des Tucherhofs. Von Jazz bis zur Blasmusik wird zum Frühschoppen oder am Abend alles geboten. Eintritt wird für die Livemusik nicht erhoben. Das Publikum ist natürlich je nach Musikrichtung unterschiedlich gemischt, die Stimmung aber immer gut. Entsprechend ist der Konsum an Brotzeit, Brezeln und Bier. Wie jeder weiß, schmeckt das Bier am besten, wenn das Faß läuft – und im Tucherhof läuft's. Unter den schützenden Bäumen oder den großen Sonnenschirmen kann man sich ein Plätzchen im Schatten suchen oder sich der Sonne zuwenden. Ausschank, Theke und Grillstation sind gut organisiert und auch bei vollem Garten leistungsfähig. Die Grillstation ist bis zum Schluß in Betrieb. Beim Verlassen des Biergartens bitte aufpassen: Da es keinen Bürgersteig gibt, steht man plötzlich an der stark befahrenen Straße!

Der Weg Von der Autobahn A 3 Nürnberg–Würzburg Ausfahrt 84 Tennenlohe, dann Richtung Nürnberg der Beschilderung »Flughafen« folgen, am Flughafen vorbeifahren, nach 500 m liegt links der Biergarten.

Sehenswertes **Nürnberger Flughafen**; **Kaiserburg** (1050–1571, wurde von allen deutschen Kaisern bewohnt) mit Kaiserkapelle (unter Kaiser Barbarossa gebaut) sowie Burgbrunnen. Die **Lorenzkirche**, der **»Schöne Brunnen«** am Hauptmarkt, das **Germanische Nationalmuseum**, der **Handwerkerhof**, das **Bratwursthäusle**, altes **Rathaus**, der **Tierpark** mit Delphinarium – Nürnberg braucht mehr als einen Besuch, um zu sehen und zu erleben.

Reizvolle Wege Wir verlassen die Autobahn A 7 bei Ausfahrt 107 Bad Windsheim und nehmen die B 470 Richtung Bad Windsheim. Erste Station ist Burgbernheim mit seiner Kirchenburg und den Fachwerkhäusern. Dann geht es weiter nach Bad Windsheim, der ehemals Reichsfreien Stadt mit Rathaus, Schloß Hoheneck (schöne Aussicht) und Kurpark. Unbedingt ansehen sollte man sich das Fränkische Freilandmuseum mit dem ältesten Haus aus dem Jahr 1368. Weiter auf der B 470 bis Lenkersheim, dort biegen wir rechts ab Richtung Markt Erlbach, Langenzenn, Fürth. Hier folgen wir zunächst der Beschilderung zur A 73, dann der Beschilderung »Flughafen«.

RM

Gasthof Feuriger Tatzelwurm, Oberaudorf

49

Das Wichtigste in Kürze

Zwischen Bayrischzell und Oberaudorf in den Schlierseer Bergen liegt der Gasthof »Feuriger Tatzelwurm« und seine von Kastanien und Sonnenschirmen beschattete Biergartenterrasse. Von hier reicht der Blick über das Inntal bis zum Kaisergebirge. Bei Speisen und Getränken Bedienung; Mitgebrachtes darf an den ungedeckten Tischen verzehrt werden.

Preise:	*Bier:* gehoben; *Brotzeiten:* gehoben; *Warme Speisen:* gehoben
Öffnungszeiten:	8–24 Uhr (warme Küche von 11–21.30 Uhr); kein Ruhetag
Anschrift:	Gasthof »Feuriger Tatzelwurm«, 83080 Oberaudorf, Telefon 08034/30080
Bier:	Auerbräu Rosenheim
Spezialität:	Wild, Fische
Spielplatz:	Mehrere Spielgeräte
Sitzplätze:	300
Parkplatz:	100

Bis es einem gewissen Simon Schweinsteiger 1864 endlich gelang, an diesem Ort eine eigene Wirtschaft zu eröffnen, hatte er schon einen jahrelangen Kampf mit den Behörden (um die Erlaubnis) und einem neidischen Nachbarn hinter sich. Viele Freunde und Bekannte, darunter Anton Vischer, ein badischer Hofmaler, der das spektakuläre Wirtshausschild »Zum feurigen Tatzelwurm« anfertigte, halfen dem Wirt, ein großes Fest zur Anbringung des Schildes zu organisieren und damit Gäste zurückzugewinnen, die ihm der Nachbar abgeworben hatte. Heute ist der »Feurige Tatzelwurm« vor allem an Wochenenden als Ausflugsziel sehr beliebt, aber die Wirtschaft ist zum Glück ihrem ländlich

bayerischen Stil treu geblieben. Das Angebot der Küche ist gehoben bayerisch mit Tiroler Einschlag. Tagsüber gelten die Brotzeit- und die Tageskarte. Hier findet man eine riesige Auswahl an bayerischen Brotzeiten vom Obatzdn bis zum Wurstsalat, darüber hinaus Schweizer Wurstsalat und Essigknödel. Die Tageskarte offeriert mehrere Suppen und bayerische Hauptgerichte mit Wild, Fisch, Fleisch oder Pilzen. Für Vegetarier werden »aus der Naturküche« Vollkornleinsamenlaibchen auf Blattspinat, Bauern Tres mit Spinatknödel, Topfennockerl und Käspreßknödel oder Gemüsestrudel auf Schnittlauchrahm gekocht. Zum Nachtisch gibt's verschiedene Süßspeisen wie Apfelkücherl oder Topfentascherl. Abends kann der Gast sein Essen aus der Abendkarte wählen; alles ist ein bißchen gehobener als mittags. Auch ein Abendmenue wird angeboten.

Klamm der Tatzelwurm-Wasserfälle

49

| Der Weg | Von der A 8 Ausfahrt Weyarn über Miesbach, Fischbachau, Bayrischzell, Sudelfeld, Tatzelwurm; |

alternativ: A 93 Ausfahrt Oberaudorf-Tatzelwurm

| Sehenswertes | **Tatzelwurm-Wasserfälle; Zahnradbahn zum Wendelstein-Haus** (1730 m ü.d.M.), Gipfel (1838 m |

ü.d.M); romanische **Klosterkirche St. Martin, Fischbachau** (12. Jh.; 18. Jh., Jos. Joh. Deyrer); **Wallfahrtskirche Mariä Himmelfahrt, Birkenstein** (1710, Vorbild: Santa Casa, Loreto).

| Reizvolle Wege | Die faszinierende Klamm der Tatzelwurm-Wasserfäl-le, wo der Legende nach ein feuriger Drache gehaust |

haben soll, darf man sich nicht entgehen lassen (30 Minuten). Der »Feurige Tatzelwurm« ist ein guter Ausgangspunkt für eine abwechslungsreiche Bergwanderung zum Brunnsteinhaus und Brunnsteingipfel (1620 m ü.d.M; 2 Stunden). Eine etwas kürzere, sehr beliebte Wanderung führt zum Bichlersee – mit Bademöglichkeit.

Motorrradfahrer sind begeistert von den Kurven der gut ausgebauten Sudelfeldstraße, aber auch die Tatzelwurmstraße bis Oberaudorf ist sehr schön zu fahren und landschaftlich reizvoll. Letzteres gilt auch für die empfohlene Anfahrt über Miesbach und Fischbachau.   *EvP*

Die Tatzelwurmstraße ist landschaftlich besonders reizvoll.

Das Wichtigste in Kürze

Der Biergarten hinter dem Gasthaus liegt direkt an der Donau, die an dieser Stelle eine langgezogene Biegung macht. Er ist eine beliebte Raststation für Radfahrer und Bootfahrer. Die ländliche Ruhe unter den Kastanien ist wohltuend. Bier und Brotzeiten gibt es reichlich, letztere von der kalten und warmen Theke.

Preise:	*Bier:* günstig; *Brotzeiten:* günstig; *Warme Speisen:* mittel
Öffnungszeiten:	10–1 Uhr, Mo Ruhetag, im Sommer kein Ruhetag
Anschrift:	Mühlhamer Keller, Mühlham 18 94486 Osterhofen, Telefon 09932/1692
Bier:	Arco-Bräu
Spezialitäten:	Donaufische, Fischwurst
Spielplatz:	–
Sitzplätze:	200
Parkplatz:	Ausreichende Parkmöglichkeit

50 **D**er Mühlhamer Keller, von der Ortsstraße her eher unscheinbar, zeigt seine Schokoladenseite, wenn man durch das Lokal den Garten betritt. Er liegt direkt an der Donau, die hier eine sanfte Schleife macht. Man sitzt zwanzig Meter vom Fluß entfernt: Der Blick folgt der Donau, bis sie in den Auen verschwindet, geht der Donau entgegen mit der Kirche von Aicha im Bild oder geht quer über die Donau zum Anstieg des Bayerischen Waldes. Man kann die Donauschiffe sehen, wie sie mit der Strömung leicht und scheinbar schwerelos dahingleiten oder sich schwer atmend dem Strom entgegenstemmen, fast bewegungslos, in Zeitlupe, um dann doch in der Biegung zu entschwinden.

Man vergißt beinahe sein Bier und seine Brotzeit, was ausgesprochen ungerecht wäre, denn beides ist frisch und ausgesprochen gut. Die warme und kalte Theke bietet bayerische Schmankerl, die Küche bietet frische Donaufische und als Spezialität eine Fischwurst. Wirt und Bedienung sind freundlich und sehr um ihre Gäste bemüht. Wer mit Wohnmobil oder Wohnwagen unterwegs ist, kann direkt am Ufer zwischen Biergarten und Donau campen.

Der Weg Von der Autobahn A 3 Ausfahrt 111 Hengersberg/
Osterhofen nach Osterhofen; nach dem Marktplatz, aber noch im Ort, rechts ab nach Mühlham.

Sehenswertes Auf dem Imageprospekt der Stadt Osterhofen
steht »Wenn Natur Kultur umarmt«, das trifft für Osterhofen zu. Flächenmäßig ist es eine der größten Gemeinden Bayerns mit 111 qkm, bei nur ca. 11000 Einwohnern – der ganze Ort ein Stadtpark. Sehenswert ist die **Asam-Basilika Altenmarkt**, ein Thronsaal Gottes. Aus dem alten gotisch-romanischen Kirchenbau aus der Gründerzeit des Klosters (1128) schufen der Baumeister Johann Michael Fischer, der Stuckateur Egid Quirin und der Maler Cosmas Damian Asam von 1726–40 ein Meisterwerk spätbarocker bayerischer Kunst.

Reizvolle Wege Wir verlassen die Autobahn A 3 Regensburg-Passau
bei Ausfahrt 116 Passau Mitte. Dann nehmen wir die B 8 nach Vilshofen, dort links abbiegen zur Benediktinerabtei Schweiklberg, dann nach Walchsing, Gergwies bis Willing. Dort biegen wir rechts ab nach Osterhofen. Auf der Strecke kreuzt man die alte Römerstraße zwischen Forsthart und Neuölling. Von dieser Seite kommend, liegt die Basilika Osterhofen-Altenmarkt rechts von uns. Von der Kirche aus fahren wir über den Marktplatz, dann rechts nach Mühlham. *RM*

Brauereigasthof Andorfer, Passau

51

Das Wichtigste in Kürze

Der Brauereigasthof Andorfer steht direkt neben der kleinen Brauerei.
Hier wird ein Hefeweißbier vom Feinsten gebraut. Das ist ein Grund für
die Leute, zum Andorfer zu gehen. Der zweite ist die Lage oben am Berg
hoch über der Donau, in der Nachbarschaft der Veste Oberhaus. Die
Küche ist solide und vielfältig, von Sommersalaten bis zum Braten von
der Sau gibt's alles.

Preise: *Bier:* mittel; *Brotzeiten:* mittel; *Warme Speisen:* mittel
Öffnungszeiten: 10–24 Uhr, kein Ruhetag
Anschrift: Brauereigasthof Andorfer, Rennweg 2
                   94034 Passau, Telefon 0851/754444
Bier: Andorfer Weißbier
Spezialitäten: Brotzeiten, Wurst aus eigener Schlachtung
Spielplatz: Vorhanden
Sitzplätze: 300
Parkplatz: Großer Parkplatz

51

Hoch über der Donau liegt die Brauerei, richtig Weißbierbrauerei Andorfer. Direkt daneben befindet sich der Brauereigasthof mit Biergarten. Der Biergarten ist auf zwei Ebenen am Hang gelegen.

Was ist das Besondere an diesem Ort? Der Blick in das Tal der Donau, das sich hier schon deutlich verengt, und auf die andere Flußseite mit ihren geschwungenen Erhebungen, die in den Horizont hinein fließen. Man weiß und spürt die Betriebsamkeit unten im Tal, sieht die Autobahn, den Hafen, die Stadt

Verziertes Zunftzeichen des Brauereigasthofs Andorfer

und genießt um so mehr die Entfernung dazu. Das lebendige Andorfer Weißbier und das gute Essen unterstützen die Entspannung nachhaltig. Die Wirtin und ihre Truppe sind freundlich und aufmerksam. Fleisch und Wurst kommen aus der eigenen Schlachtung und sind von bester Qualität. Der Braten von der Sau ist besonders zu empfehlen.

Vom Biergarten zur Veste Oberhaus kann man dann einen Verdauungsspaziergang machen. Der Blick vom Aussichtsturm über die Befestigunganlagen hinab über die Stadt, eingesäumt und auch durchtrennt von Donau, Inn und Ilz, ist beeindruckend.

Der Weg

Von der Autobahn A 3 Regensburg–Passau Ausfahrt 115 Passau Nord, dann Richtung Passau der Donau entlang, nach ca. 6 km links nach Hacklberg, der Beschilderung »Veste Oberhaus« folgen.

Sehenswertes

Veste Oberhaus (vom Aussichtsturm überblickt man die Burganlage ebenso wie Passau); **Passau: Dreiflüssefahrt** mit dem Ausflugsschiff; **Altstadt** (nach den großen Bränden 1662 und 1680 von italienischen Baumeistern wieder aufgebaut und von diesen südländisch geprägt); **Dom »Heiliger Stephanus«** (einst Roms Bastion gegen Byzanz, vor über 1000 Jahren schon erwähnt). Der Dom ist heute berühmt wegen seiner **Orgel**, mit über 17000 Pfeifen die größte der Welt. Von Mitte Mai bis Mitte Okt. wird sie außer So täglich um 12 Uhr gespielt.

Reizvolle Wege Wir verlassen die Autobahn A 3 bei Ausfahrt 111 Hengersberg und fahren auf der Staatsstraße Richtung Grafenau: über Auerbach, vorbei an Lalling – eventuell lohnt sich ein Abstecher in den Lallingerwinkel –, dann über Innerzell nach Schönberg, bis wir auf die B 85 treffen. Hier fahren wir Richtung Passau über Saldenbereg nach Fürstenstein; am Dreiburgensee kann man das Museumsdorf Bayerischer Wald besichtigen. Zurück auf die B 85 Richtung Passau über Ruderting, dort kann man man links abbiegen und noch einen Schwenk in das landschaftlich wundervolle Ilztal machen. Die schönste Ecke dieses Tals ist bei Kalteneck. Bei Feuerschwendt lädt das »Gut Geisel« zum Verweilen mit einem traumhaften Blick in das Tal der Ilz ein. Wieder auf der B 85 folgen wir ihr bis nach Patriching, dort biegen wir ab nach Neureut, der Beschilderung »Oberhaus« folgend. *RM*

Von der Veste Oberhaus bietet sich ein besonders schöner Blick auf die Drei-Flüsse-Stadt Passau.

Brauereigasthof Hacklberg, Passau

Das Wichtigste in Kürze

Einer der größten und auch schönsten Biergärten in Bayern. Der Brauereigasthof Hacklberg ist ein klassischer Biergarten mit einem prächtigen Baumbestand, einem Pavillon in der Mitte sowie Ausschank und Theke zum Abholen von Speis und Trank sowie einem Bedienbereich. Das Publikum ist bunt gemischt: Jung und Alt genießt das gute Hacklberger Bier. Die Ripperl, neudeutsch »Spare Ribs«, sind berühmt und echt gut. Die historischen Gebäude der Brauerei sind sehenswert.

Preise:	*Bier:* günstig; *Brotzeiten:* günstig; *Warme Speisen:* mittel
Öffnungszeiten:	10–23 Uhr, kein Ruhetag
Anschrift:	Brauerei Hacklberg, Bräuhausplatz 3
	94034 Passau, Telefon 0851/501522
Bier:	Brauerei Hacklberg
Spezialität:	Schweinsripperl vom Grill
Spielplatz:	Vorhanden
Sitzplätze:	1500
Parkplatz:	Ausreichend

52

Im Schild der Brauerei Hacklberg steht »375 Jahre Brautradition im hochfürstlichen Schloß zu Hacklberg«. Im Besitz des Fürstbischofs war »Hackchenberg« schon 1307, als es urkundlich erstmals erwähnt wurde. Vom Lehenshof wurde es zum Landsitz und Schloß sowie zur Braustätte; es folgten die Erneuerung und Erweiterung von Schloß und Badehaus sowie die Anlage eines prächtigen Lustgartens für den Fürstbischof. Ein Teil dieses ehemaligen Lustgartens ist heute der Biergarten und ist somit seiner Bestimmung treu geblieben. Es ist wirklich eine »Lust«, eine Pracht, in diesem Garten zu sitzen: beschützt durch Kastanien, Buchen, Linden, umgeben von freundlichen Leuten, verwöhnt mit frischem süffigen Bier, gesättigt von Ripperln vom Grill. Vor dem Bräustüberl gibt es einen Bedienbereich unter Sonnenschirmen, wo man sich die Schmankerl aus der Küche bestellen kann. Auch wenn die Sonne mal nicht ihre ganze Wärme auf uns abstrahlt, ist Hacklberg einen Besuch wert.

Der Weg Von der Autobahn A 3 Regensburg–Passau Ausfahrt 115 Passau Nord Richtung Passau, an der Donau entlang, nach ca. 6 km links ab nach Hacklberg. Die Brauerei ist von der Straße aus zu sehen.

Sehenswertes **Passau: Dreiflüssefahrt** mit dem Ausflugsschiff; **Altstadt** (nach den großen Bränden 1662 und 1680 von italienischen Baumeistern wieder aufgebaut und von diesen südländisch geprägt); **Dom »Heiliger Stephanus«** (einst Roms Bastion gegen Byzanz, vor über 1000 Jahren schon erwähnt). Der Dom ist heute berühmt wegen seiner **Orgel**, mit über 17000 Pfeifen die größte der Welt. Von Mitte Mai bis Mitte Okt. wird sie außer So täglich um 12 Uhr gespielt. **Veste Oberhaus** (vom Aussichtsturm überblickt man die Burganlage ebenso wie Passau).

Reizvolle Wege Wir verlassen die Autobahn A 3 bei Ausfahrt 111 Hengersberg und fahren auf der Staatsstraße Richtung Grafenau: über Auerbach, vorbei an Lalling – eventuell lohnt sich ein Abstecher in den Lallingerwinkel – über Innerzell nach Schönberg, bis wir auf die B 85 treffen. Hier fahren wir Richtung Passau über Saldenbereg nach Fürstenstein; am Dreiburgensee kann man das Museumsdorf Bayerischer Wald besichtigen. Zurück auf die B 85 Richtung Passau über Ruderting, dort kann man man links abbiegen und noch einen Schwenk in das landschaftlich wundervolle Ilztal machen. Die schönste Ecke dieses Tals ist bei Kalteneck. Wieder auf der B 85, folgen wir ihr bis nach Hacklberg. *RM*

Prösslbräu Adlersberg, Pettendorf

Das Wichtigste in Kürze

Der Adlersberg ist der Wallfahrtsberg aller Biergarten-Freunde aus nah und fern. Auf dem »Berg« thront das ehemalige Dominikanerinnenkloster, heute Brauerei, Gasthof und Landwirtschaftsbetrieb. Der Gast findet Schatten unter prachtvollen Linden. Das Bier aus der eigenen Brauerei kommt aus dem Braukeller und ist herrlich temperiert und erfrischend.

Preise:	*Bier:* günstig; *Brotzeiten:* günstig; *Warme Speisen:* mittel
Öffnungszeiten:	Di–So 10–24 Uhr, Mo Ruhetag
Anschrift:	Prösslbräu Adlersberg, Dominikanerinnenstraße 2–3
	93186 Pettendorf-Adlersberg, Telefon 09404/1822
Bier:	Prösslbräu
Spezialitäten:	Fleisch und Wurst aus der Hausschlachtung,
	Wild aus der eigenen Jagd, heimische Fische
Spielplatz:	Große Spielwiese beim Parkplatz
Sitzplätze:	600
Parkplatz:	Großer Parkplatz

Die Entstehung des Klosters auf dem Adlersberg verdanken wir einer Untat. Herzog Ludwig der Strenge aus Neuburg a.d. Donau erschlug in einem Anfall von Eifersucht seine Frau. Zur Sühne baute er zwei Klöster, eines für Mönche und ein zweites für Nonnen, das Dominikanerinnenkloster auf dem Adlersberg. Erbaut um 1230, wurde es nach einem reichen Klosterleben in den Wirren nach der Reformation ca. 1542 aufgelassen. Seit 1838 ist das Ökonomiegut und die »Breystatt« im Besitz der Familie Prössl. Eröffnung der Biergartensaison ist jedes Jahr der Palmsonntag mit einem speziell eingebrauten Starkbier, dem »Palmator«, einem dunklen Doppelbock. Die Küche bietet Brotzeiten, Wildspezialitäten aus eigener Jagd sowie heimische Fische.

Sowohl in der Brauerei als auch in der Küche werden ausschließlich Produkte aus eigenem Anbau bzw. heimischer Zucht verwendet. Wenn der Gast Glück und der Chef Zeit hat, sollte er mit Heinrich Prössl eine Kirchenführung machen. Er gibt einen launigen Abriß der wechselvollen Geschichte seines Adlersbergs, seiner Kirche (auch wenn sie der Gemeinde gehört), seines Gasthofs und seiner Brauerei. Er ist stolz auf »sei Sach« und das zu recht.

Der Weg

Von der A 93 Ausfahrt Pfaffensteiner Tunnel ca. 4 km Richtung Nürnberg, dann rechts nach Pettendorf, nach 1 km links nach Adlersberg.

Sehenswertes

Direkt hinter dem Gasthof: frühgotische **Klosterkirche** des ehemaligen Dominikanerinnenklosters (1275, Fresken aus dem 14. Jh.); **Regensburger Altstadt** mit dem **Dom St. Peter** (13./14 Jh., eines der bedeutendsten gotischen Bauwerke), **Porta Praetoria** (2. Jh.), **Altes Rathaus** (»Immerwährender Reichstag« 1663–1806); **Stift St. Emmeram** (im 7. Jh. gegründet), **Steinerne Brücke** (1135); **Benediktinerkloster St. Georg in Prüfening** (Basilika aus dem 12. Jh.); **Walhalla** (Ehrentempel, 1830) 10 km Donau abwärts.

Reizvolle Wege

Wir verlassen die A 93 bei der Ausfahrt 26 Klardorf, fahren rechts nach Schwandorf. An der großen Kreuzung überqueren wir die B 85 Richtung Schmidmühlen. Wir folgen der Staatsstraße über Pistlwies bis Schmidmühlen, hier folgen wir der Beschilderung »Regensburg«. Die Straße führt durch das malerische Vilstal bis Kallmünz (Burgruine). Wir fahren nun der Naab entlang. Bei Etterzhausen treffen wir auf die B 8, biegen links ab Richtung Regensburg, dann nach ca. 5 km rechts ab nach Pettendorf, nach 2 km links nach Adlersberg. *RM*

Alte Klosterwirtschaft, Polling

Das Wichtigste in Kürze

Wenige Kilometer südlich von Weilheim liegt das von Kloster und Stiftskirche dominierte Bauerndorf Polling. Zur »Alten Klosterwirtschaft« gehört der von riesigen Kastanien beschattete Klostergarten. Bei Getränken Selbstbedienung; Speisen werden gebracht.

Preise: *Bier:* günstig; *Brotzeiten:* mittel; *Warme Speisen:* mittel
Öffnungszeiten: 10–24 Uhr, Mo Ruhetag
Anschrift: Alte Klosterwirtschaft, Weilheimer Straße 12
                   82398 Polling, Telefon 0881/4851
Bier: Spaten Brauerei
Spezialität: Halsgrat vom Grill
Spielplatz: Schaukel und andere Geräte
Sitzplätze: 600
Parkplatz: Ausreichende Parkmöglichkeit

Mit 400 Jahren darf man sich getrost »alt« nennen, denn soviele Jahre hat die »Alte Klosterwirtschaft«, die früher als Klosterhospital gedient hat, schon auf dem Buckel. Auch heute sieht man der Gaststube noch an, daß sie bereits viele Generationen begleitet hat: Schönes, dunkles Holz verbreitet eine behagliche Atmosphäre. Nicht ganz so alt, aber immerhin 20 Jahre, ist der Biergarten, in dem mächtige alte Kastanien den Gästen Schatten spenden. Seit 10 Jahren bewirtschaftet Familie Fischer Gasthaus und Biergarten.

Das gesamte Küchenangebot gilt auch im Biergarten, obwohl hier natürlich bevorzugt eine der vielen Brotzeiten oder Halsgrat vom Grill verspeist werden. Auf der »Schmankerlkarte« stehen z.B. Schweinshaxen, Tellerfleisch, Jägerbraten oder Hirschbraten mit Blaukraut und Preiselbeeren. Auf der Tageskarte findet man eine reiche Auswahl an gutbürgerlichen bayerischen Gerichten von Rehbraten über Hirschgulasch bis zum Niederbayerischen Krustenbraten. Für Kinder gibt's eine Extrakarte mit allem, was sie gerne essen, genannt Micky Maus, Donald Duck oder Asterix und Obelix.

Der Weg Von der A 95 Ausfahrt Penzberg/Iffeldorf über Iffeldorf, Steinbach, Eberfing und Etting nach Polling.

Sehenswertes **Stiftskirche Hl. Kreuz, Polling** (1414–20; 1621–28 barockisiert; Hochaltar 1623; Pollinger Kreuz, 13. Jh.; Thronende Madonna 1526), Führungen So 11.15 Uhr**; Bibliothekssaal, Polling** (1775-78); **Wallfahrtskirche Maria Himmelfahrt** und Gnadenkapelle (frühes 16. Jh.) auf dem Hohen Peißenberg (1750; Fresken, Rokoko-Stuck; Hochaltar); **Bergbaumuseum »Am Tiefstollen«, Peißenberg.**

Reizvolle Wege Schon die Anfahrt von der A 95 über Iffeldorf und südwestlich der Osterseen weiter auf verkehrsarmen Nebenstraßen, vorbei am kleinen Schillersberger See und dem Stadler Weiher, führt durch reizvolle Landschaft. Einer der imposantesten Aussichtspunkte des Alpenvorlandes liegt nur knapp 15 km von Polling entfernt: 888 m ü.d.M erhebt sich der Hohe Peißenberg und ermöglicht so eine Fernsicht, die von den Bad Reichenhaller Vorbergen bis zum Grünten reicht.

Vom Hohen Peißenberg kann man über Kronau und St. Leonhard auf kleinen Straßen zum Zellsee und nach Wessobrunn fahren. Die beschriebenen Routen sind schöne Motorradstraßen zum relaxten »Touren«!

Für Wanderer bieten sich der Prälaten- und der König-Ludwig-Wanderweg an, beide führen durch Polling.

EvP

Kneitinger Keller, Regensburg

Das Wichtigste in Kürze

Ein klassischer Biergarten in Regensburg auf dem halben Weg zwischen Altstadt und Universität am Galgenberg. Mächtige Kastanien beschatten den großen Garten. Das Bier stammt aus der eigenen Brauerei – vom Faß ein Spitzenbier. Es gibt warme Speisen und reichlich Brotzeiten mit Selbstbedienung und Bedienung. Die Kellner haben alle Hände voll zu tun. Bei schlechtem Wetter lädt die alte Wirtstube ein.

Preise: *Bier:* mittel; *Brotzeiten:* mittel; *Warme Speisen:* mittel
Öffnungszeiten: 9–24 Uhr, kein Ruhetag
Anschrift: Kneitinger Keller, Am Galgenberg 19
                 93053 Regensburg, Telefon 0941/76680
Bier: Kneitinger Bier
Spezialitäten: Haxen vom Grill, Bratwurst vom Rost, Weißwurst mit
                 Händlmeier Senf, Nackerte, Weichser Radi
Spielplatz: Vorhanden
Sitzplätze: 1200
Parkplatz: Wenige Parkmöglichkeiten; am besten am Biergarten
                 vorbei und dann rechts abbiegen

Auf dem Weg zwischen der Regensburger Altstadt und der Universität, auf halber Höhe des Galgenbergs, liegt der Kneitinger Keller. Kaum ein Student, der es im Sommer schafft, hier vorbeizugehen. Zu verlockend ist das Angebot der mächtigen Kastanien, in ihrem Schatten den vom Studieren heißen Kopf abzukühlen und Baumkrone und Biertisch zur Studierstube zu erklären.

Alt und Jung trifft sich hier, um das wunderbar frische Kneitinger Hell zu trinken und ein Paar »Nackerte« ausnahmsweise als Brotzeit zu verdrücken. Ein Teil der Tische sind als Stammtische gekennzeichnet: »Dou hogga dei, wo allaweil dou hogga«, zum bierseligen Gespräch, zur Klärung aller aktuellen weltpolitischen Fragen, zum Kartenspielen oder einfach so.

Umrahmt von dem Kulturschuppen »Alte Mälzerei« und der Taxis Brauerei, ist der Kneitinger Keller geschützt von Wind und Lärm. Die Biergartenmannschaft ist flott, der Grillmeister brät die Würstl je nach Wunsch von damenhaft blaß bis rustikal braun.

Der Weg

Von der A 93 Ausfahrt Königswiesen Richtung Zentrum ca. 3 km geradeaus fahren, vorbei am Friedhof Friedenstraße, an der Ampel rechts abbiegen Richtung Universität; der Biergarten folgt nach 300 m rechts.

Sehenswertes

Regensburger Altstadt mit dem **Dom St. Peter** (13./14 Jh., eines der bedeutendsten gotischen Bauwerke), **Porta Praetoria** (2. Jh.), **Altes Rathaus** (»Immerwährender Reichstag« 1663–1806); **Stift St. Emmeram** (im 7. Jh. gegründet), **Steinerne Brücke** (1135); **Benediktinerkloster St. Georg in Prüfening** mit der romanischen Basilika aus dem 12. Jh.; **Walhalla** (Ehrentempel der großen Deutschen, König Ludwig I., 1830) 10 km Donau abwärts.

Reizvolle Wege

Wir verlassen die A 3 Passau–Regensburg bei Kirchroth und folgen der Beschilderung »Falkenstein« über Wiesenfelden nach Falkenstein (Burg). In Falkenstein biegen wir links ab nach Wörth a.d. Donau, dort wieder rechts nach Regensburg (wir bleiben rechts der Donau) über Kruckenberg und Bach (Weinbau in der Oberpfalz!) nach Donaustauf zur Walhalla, dem Ruhmestempel der großen Deutschen – ein »Muß« mit 358 Stufen und einem phantastischen Blick ins Donautal. Von dort über die Donau zur A 3, darauf zur A 93 Richtung Weiden bis Abfahrt Königswiesen, dann wie oben beschrieben. Diese Strecke ist für Motorradfahrer besonders reizvoll. *RM*

Das Wichtigste in Kürze

Ein Biergarten, der erst vor einigen Jahren aus seinem Dornröschen-schlaf geweckt wurde. Er liegt am Stadtrand von Regensburg, am Prüfe-ninger Schloß. Prächtige Kastanien geben Schatten für ca. 800 Sitzplätze; direkt an der Schänke gibt es 400 Plätze in der Sonne, hier wird der Gast auch bedient. Der Biergarten ist sehr gepflegt, die Wirtsleute und die Bedienungen sind sehr freundlich. Schloßschänke und Biergarten haben es verdient, nach der Wiederbelebung besucht zu werden.

Preise:	*Bier:* mittel; *Brotzeiten:* mittel; *Warme Speisen:* mittel
Öffnungszeiten:	10–24 Uhr, kein Ruhetag
Anschrift:	Schloßschänke Prüfening, Prüfeningerstr. 75
	93051 Regensburg, Telefon 0941/34765
Bier:	Thurn u. Taxis
Spezialitäten:	Bayerische Brotzeiten, Grillschmankerl, Gockerl,
	Haxen, Käse
Spielplatz:	Großer Kinderspielplatz mit vielen Geräten
Sitzplätze:	1200
Parkplatz:	Ausreichende Parkmöglichkeit

Ein Biergarten auf geschichtsträchtigem Grund: Der Bierkeller des ehemaligen Benediktinerklosters Prüfening ist heute die Schloßschänke, ein Teil des früheren Klosterparks der Biergarten. Mächtige Kastanien beschatten den großzügig angelegten Garten.

Wie aus einem Inserat im »Regensburger Fremdenführer« von 1925 ersichtlich, waren die Schloßschänke und ihr Garten schon damals ein beliebtes Ausflugsziel bei einer »Landpartie«. Nach Höhen und Tiefen in der Folgezeit betreiben seit einigen Jahren tüchtige Wirtsleute die Schloßschänke. An den Ständen gibt es bayerische Brotzeiten, Grillfleisch, Würstl, Käse. Im Bedienbereich gibt es auch Tellergerichte aus der Küche. Es wird bodenständig gekocht. Die Preise sind angemessen, Wirtsleute und Bedienung von natürlicher Freundlichkeit. Kurz: ein Biergarten zum Wohlfühlen. Schloß Prüfening mit der Kirche St. Georg liegt unmittelbar neben dem Biergarten. Bis 1995 war es bewohnt von dem Eremiten Pater Emmeram aus dem Hause Thurn u. Taxis. Leider hat das Fürstenhaus Schloß, Gebäude und Park etwas verkommen lassen. Die Schloßschänke aber ist außen und innen renoviert, ansehnlich und gemütlich.

Der Weg   A 93 Ausfahrt Prüfening, dort links abbiegen, dann ca. 2 km immer geradeaus; der Biergarten liegt links.

Sehenswertes   **Altes Schloß Prüfening** (früher ein Benediktinerkloster, gegründet 1109, mit der ehemaligen Abteikirche St. Georg); **Regensburger Altstadt** mit dem **Dom St. Peter** (13./14. Jh., bedeutendes gotisches Bauwerk), **Porta Praetoria** (2. Jh.), **Altes Rathaus** (»Immerwährender Reichstag« 1663–1806); **Stift St. Emmeram** (im 7. Jh. gegründet), **Steinerne Brücke** (1135), **Benediktinerkloster St. Georg in Prüfening** (Basilika aus dem 12. Jh.); **Walhalla** (Ehrentempel, 1830) 10 km Donau abwärts.

Reizvolle Wege   Wir verlassen die Autobahn A 3 Nürnberg–Regensburg an der Ausfahrt 93 bei Parsberg und fahren nach Dietfurt in das Altmühltal. An der Kreuzung bei Dietfurt links abbiegen Richtung Kehlheim. Der Weg führt durch das Altmühltal, vorbei an Schloß Eggersberg und Schloß Prunn, bis Kehlheim, wo ein paar Kilometer donauaufwärts in Weltenburg der Donaudurchbruch mit Kloster Weltenburg zu sehen ist. Von Kehlheim nehmen wir die Straße Richtung Regensburg über Bad Abbach mit seiner Kaisertherme. Bei der Auffahrt Pentling fahren wir auf die A 93, die wir bei der Abfahrt Prüfening nach ca. 5 Minuten wieder verlassen. Dann den oben beschriebenen Weg nehmen.

RM

Spitalgarten, Regensburg

Das Wichtigste in Kürze

Der Regensburger Traditionsbiergarten liegt im Stadtteil Stadt am Hof an der Steinernen Brücke, die hier ihre Bögen über die Donau schlägt. Die Erhebung zur Stadt des heutigen Stadtteils von Regensburg, »Stadt am Hof«, liegt 500 Jahre zurück. Der Spitalgarten als Bierkeller und Biergarten blickt auf etwa 770 Jahre zurück. Ein prächtiger Bestand an Kastanien und Erlen spendet Schatten, die Donau kühlt die Luft. Die Wirtin ist mit Leib und Seele dabei und umsorgt den Gast mit frischem Bier und kräftiger Brotzeit.

Preise:	*Bier:* günstig; *Brotzeiten:* günstig; *Warme Speisen:* günstig
Öffnungszeiten:	9–23 Uhr Ausschank, kein Ruhetag
Anschrift:	Spitalgarten, St. Katharinenplatz 1 93059 Regensburg, Telefon 0941/84744
Bier:	Spital-Bräu
Spezialitäten:	Bratwurst vom Grill, frische Sulzen
Spielplatz:	Vorhanden
Sitzplätze:	900
Parkplatz:	Nur wenige Parkmöglichkeiten in der Nähe; am besten auf den Parkplätzen am Dultplatz parken, der Weg ist ausgeschildert

D er Traditionsbiergarten liegt am Ufer der Donau an der Steinernen Brücke. Der Fluß umströmt die mächtigen Fundamente und bildet dahinter die berüchtigten Strudel. Die Kulisse der Regensburger Altstadt, überragt von den Türmen des Domes, bildet ein unvergleichliches Panorama – besonders nach Sonnenuntergang, wenn die Lichter angehen.

Im Biergarten ist um diese Zeit Hochbetrieb. Man rückt zusammen, um den Neuankömmlingen auch den Genuß von Bier und Bratwurst zu gewähren. Wenn man Glück hat und an einem Tisch mit einigen alten Regensburgern Platz findet, gibt es viele Geschichten zu hören. Der Spitalgarten ist ein wunderbarer Ort für diese Basiskommunikation, die höchstens von der Frage des Kellners unterbrochen wird: »Geht no oans?« Die Antwort wandelt sich bald vom zögerlichen »ja« zu einem deutlichen »Oans geht no«.

Der Weg

Von der Autobahn A 93 Ausfahrt 31 Pfaffensteiner Tunnel stadteinwärts fahren, an der dritten Ampel rechts zur Steinernen Brücke abbiegen; an der nächsten Ampel befindet sich fast gerade gegenüber das Tor zur Spital-Brauerei.

Sehenswertes

Regensburger Altstadt mit dem **Dom St. Peter** (13./14 Jh.), **Porta Praetoria** (2. Jh.), **Altes Rathaus** (»Immerwährender Reichstag«, 1663–1806); **Stift St. Emmeram** (7. Jh.), **Steinerne Brücke** (1135); **Benediktinerkloster St. Georg in Prüfening** (Basilika aus dem 12. Jh.); **Walhalla** (Ehrentempel, 1830) 10 km Donau abwärts.

Reizvolle Wege

Von der Autobahn A 3 fahren wir ab bei Ausfahrt 93 Velburg nach Velburg, dort folgen wir der Beschilderung »St. Colomann« zur König-Otto-Tropfsteinhöhle. Nach der Besichtigung (warm anziehen) geht es zurück nach Velburg. Wer mehr Zeit zur Verfügung hat, kann hier noch den Waldlehrpfad (ca. 7 km) erkunden. Dann fahren wir die Landstraße Richtung Parsberg vorbei an der Burg Beratzhausen durch das Tal der Schwarzen Laaber. Bei Deuerling treffen wir auf die B 8, der wir bis Regensburg folgen. Nach der Autobahnauffahrt Pfaffensteiner Tunnel, die wir passieren, nehmen wir den Weg wie oben beschrieben.

RM   Regensburger Altstadt

◆58 Antonihof, Rieblingen

Das Wichtigste in Kürze

Zwischen Langweid und Wertingen liegt Rieblingen. Im liebevoll bepflanzten Innenhof des denkmalgeschützten Dreiseithofes befindet sich der von Sonnenschirmen beschattete Biergarten. Bei Getränken Selbstbedienung; Essen wird an der Theke bestellt und gebracht.

Preise:	*Bier:* mittel; *Brotzeiten:* mittel; *Warme Speisen:* mittel
Öffnungszeiten:	Di–Sa 17–23 Uhr; So und Feiertage 11–23 Uhr
Anschrift:	Antonihof, Bliensbacher Str. 20
	86637 Rieblingen, Telefon 08272/1534
Bier:	Herrnbräu Ingolstadt, Jever Pils
Spezialitäten:	Fränkische Würste, Fränkisches Surfleisch, Fränkische
	Brotzeitplatte, unfiltriertes Kellerbier aus Wertingen
Spielplatz:	Eine große Wiese zum Ballspielen und Austoben
Sitzplätze:	100
Parkplatz:	Ausreichende Parkmöglichkeit

Antonihof – Kunst, Kultur, Kulinarisches – mit diesem Anspruch wurde 1995 der Biergarten in dem fast 250 Jahre alten denkmalgeschützten Bauernhof am Ortsrand von Rieblingen eröffnet. In zehnjähriger Bauzeit restaurierte und renovierte die heutige Inhaberin Lydia Decker zusammen mit ihrem Lebensgefährten das Anwesen. Drei Gebäude umgrenzen den Innenhof, in dem sich der Biergarten befindet. Um den kleinen Teich in der Mitte, inzwischen zum Biotop verwachsen, gruppieren sich die Tische und Sonnenschirme. Wie das Motto des Antonihofes verrät, findet der Ästhet nicht nur am Ambiente Gefallen, sondern es werden auch Kunstausstellungen sowie Konzerte aller Stilrichtungen (Jazz, Blues, Bach) veranstaltet.

Daß auch der Feinschmecker voll auf seine Kosten kommt, dafür sorgt die engagierte Wirtin. Im hauseigenen Gemüsegarten werden Kräuter und Gemüse geerntet, das Fleisch vom Landmetzger aus der Region bezogen. Ständig auf der Speisekarte stehen fränkische Spezialitäten wie Bratwürste mit Sauerkraut und Baggers, Schweizer und Fränkischer Wurstsalat und Obatzda. Ist gerade die Oma zu Besuch, gibt's dazu selbstgebackenes fränkisches Bauernbrot. Zusätzlich zur festen Karte läßt sich die Wirtin je nach Marktangebot spontan Gerichte einfallen. Auch hausgemachte Kuchen, Frankenwein vom Weingut Gamm und fränkische Edel-Obstbrände werden offeriert.

| Der Weg | Von der A 8 Ausfahrt Augsburg West die B 2 in Richtung Donauwörth bis Langweid; von hier ca. 10 km |

in Richtung Wertingen bis Rieblingen.

| Sehenswertes | In **Wertingen: Barocke Stadtpfarrkirche St. Martin**, einzige zinnengekrönte Doppelturmkirche (13. Jh.); |

1462 zerstört und im spätgotischen Stil errichtet; 1646 von den Schweden niedergebrannt und um 1700 als Barockkirche aufgebaut; **Schloß** (14.–17. Jh.); **Rathaus und Heimatmuseum**, offen: Mo–Fr 8–12 Uhr, 14–17 Uhr, und jeden 1. und 3. So im Monat 10–12 Uhr; **Synagoge Binswangen** (1835 Christa), am 9. November 1938 (»Reichskristallnacht«) zerstört, ab 1987 aufgebaut.

| Reizvolle Wege | Rieblingen liegt im waldreichen »Holzwinkel«, dem nördlichsten Teil des Naturparks Westliche Wälder. |

Zu empfehlen ist der gut ausgeschilderte Radwanderweg von Dinkelscherben über Wertingen bis zum Donau-Radwanderweg in der Nähe von Donauwörth. Wanderer finden im Donauried und dem angrenzenden Hügelland reizvolle Wege und unzählige Baggerseen für ein erfrischendes Bad.   *EvP*

Sauer-Keller, Roßdorf am Forst

Das Wichtigste in Kürze

Der Felsenkeller der Brauerei Sauer liegt etwa 500 m vom Dorf entfernt; zwischen den Häusern geht die schmale Straße hinaus. Das Gebäude im Wald erscheint einem eher als ein fürstliches Jagdhaus denn als Kellerhaus. Der Baumbestand ist einfach prächtig, die soliden Tische und Bänke sind fest in den Waldboden eingebaut. Die Brotzeiten sind hausgemacht. Im Dorf haben die Sauers eine Wirtschaft mit Garten, die ebenfalls ihresgleichen sucht.

Preise:	*Bier:* günstig; *Brotzeiten:* günstig
Öffnungszeiten:	Sa, So und an Feiertagen ab 15 Uhr
Anschrift:	Brauerei Sauer
	96129 Roßdorf am Forst, Telefon 09543/1578
Bier:	Brauerei Sauer, Lagerbier
Spezialität:	Zwetschgenbammes (Geräuchertes)
Sitzplätze:	400
Spielplatz:	Der Wald
Parkplatz:	Im Dorf parken, von dort sind es ein paar Schritte zu Fuß zum Keller

Man ist in eine andere Zeit versetzt, hier am Felsenkeller der Brauerei Sauer. Die Ruhe und Gelassenheit dieses Biergartens ist sofort spürbar. Die mächtigen Bäume, Kastanien, Linden, Buchen und Akazien spenden Schatten, die Luft wird durch den kleinen Bach gekühlt. Die schönsten Plätze sind die vor dem Kellerhaus, ein wahres Schmuckstück, das man sich genauso gut als fürstliches Jagdhaus vorstellen kann.

Es gibt hausgemachte Brotzeiten wie Preßsack, eingeweckten Schweinebraten, Sulzen, Zwiebelkäs und als besondere Spezialität Zwetschgenbammes mit einem Bauernbrot. Das süffige Lagerbier kommt direkt aus dem Keller, ist hervorragend temperiert und wird vom Schankbock ohne Kohlensäure gezapft. Alles läuft mit Selbstbedienung, jeder trägt sein Geschirr brav an den Tisch vor dem Kellerhaus.

Im Dorf betreibt die Familie Sauer noch die Brauereiwirtschaft, ein schönes Fachwerkhaus mit einem Biergarten davor, der aber geschlossen ist, wenn der Felsenkeller geöffnet hat. In der Wirtschaft gibt es auch warme fränkische Küche.

Der Weg

Von der Autobahn A 73 Ausfahrt 6 Hirschaid fahren wir über Seigendorf, Friesen, Wernsdorf nach Roßdorf am Forst.

Sehenswertes

Bamberg ist reich an Kunstdenkmälern: **Kaiserdom** (1207, eines der bedeutendsten mittelalterlichen Bauwerke in Deutschland; Kaisergrab von Riemenschneider sowie Weihnachtsaltar von Veit Stoß); **Bamberger Reiter**; **Residenz** (17. Jh.) am Domplatz; **Altstadt** mit Rathaus und Fischerhäusern; **Karl May Museum** (mit 73 Originalbänden); **Altenburg** (12. Jh.) vor Bamberg, mit einem herrlichen Blick über ganz Bamberg.

Reizvolle Wege

Von der Autobahn A 3 Ausfahrt 85 Heroldsberg/ Eckental Richtung Heroldsberg, dann der B 2 folgend über Gräfenberg in die Fränkische Schweiz Richtung Pegnitz; vor Pegnitz nehmen wir die B 470 Richtung Ebermannstadt über Pottenstein (Teufelshöhle), Behringersmühle nach Gößweinstein. Hier lohnt ein Besuch der Wallfahrtskirche. Sie entstand 1730–39 nach Plänen von Balthasar Neumann. Von Gößweinstein geht es über Ebermannstadt nach Buttenheim; von dort nach Seigendorf, dann auf dem oben beschriebenen Weg zum Biergarten.

RM

Das Wichtigste in Kürze

Die Brauereigaststätte Plank hat vor dem Haus einen kleinen Biergarten, eigentlich mehr eine Terrasse. Eine große Kastanie und eine Linde schmücken Haus und Garten. Die dörfliche Idylle und der weite Blick in das Naabtal alleine sind schon Grund zur Einkehr. Das süffige Jura Weizen und die Oberpfälzer Brotzeiten tun ein übriges, den kleinen Biergarten zu genießen.

Preise:	*Bier:* mittel; *Brotzeiten:* mittel; *Warme Speisen:* mittel
Öffnungszeiten:	Mi–So 11–24 Uhr, Mo und Di Ruhetag
Anschrift:	Brauereigaststätte Plank, Wiefelsdorferstraße 1
	92421 Schwandorf, Telefon 09431/60889
Bier:	Brauerei Plank, Jura Weizen, Schloßbrauerei Naabeck
Spezialität:	Fische aus den heimischen Gewässern
Spielplatz:	Vorhanden
Sitzplätze:	200
Parkplatz:	Ausreichende Parkmöglichkeit

Der kleine Biergarten des Brauereigasthofs Plank ist kein klassischer Biergarten, sondern ein Wirtsgarten. Er liegt auf halber Höhe über der Naab im idyllischen Wiefelsdorf. Der Blick in das weite Naabtal nach Südost zeigt den meist heimischen Gästen die Schönheit ihrer unmittelbaren Heimat.

Im Biergarten wird das überaus süffige Jura Weizen aus der Landbrauerei auf der anderen Straßenseite ausgeschenkt. Eine Brotzeitkarte vom Forellenfilet bis zum Wurstsalat macht die Wahl schwer. Ein Blick über die anderen Tische bringt wenig Entscheidungshilfe, denn alle speisen mit offensichtlichem Wohlgefallen. Die Küche geht mit den Jahreszeiten, es gibt Sommersalate aus dem Garten, Schwammerl und Wild aus den umliegenden Wäldern, Fische aus den Oberpfälzer Teichen, Bächen und Flüssen – alles gereicht der bayerischen Küchentradition zur Ehre. Nach dem Essen tun ein paar Schritte durch das Dorf gut. Die Pfarreikirche Peter und Paul, jüngst renoviert, ist einen Besuch und eine Spende wert.

Der Weg Von der Autobahn A 93 Ausfahrt 26 Schwandorf Süd Richtung Schwandorf, bis zur B 15, diese überqueren, dann ca. 2 km Richtung Schmidmühlen, rechts abbiegen nach Wiefelsdorf.

Sehenswertes In **Schwandorf: Pfarrkirche Peter und Paul**, die Urpfarrei von Schwandorf (vor 1000 Jahren erstmals erwähnt); **Marienwallfahrtskirche** auf dem Kreuzberg; historischer **Blasturm am Weinberg**; Weiher und **Vogelschutzgebiet Charlottenhof** und das **Naherholungsgebiet um den Murner See**; in **Neusath bei Nabburg: Oberpfälzer Bauerndorfmuseum**; in **Stulln-Freihung:** »**Reichart-Schacht**«, ein Flußspat-Bergwerk; in **Theuern: Bergbau- und Industriemuseum Ostbayern**.

Reizvolle Wege Von der Autobahn A 93 Ausfahrt 21 Pfreimd Richtung Trausnitz fahren, dem Lauf der Pfreimd folgend bis zur Pfreimdtalsperre und dem Reisach-Stausee, einem Pumpkraftwerk. Von hier geht es weiter nach Tännesberg, wo ein Geologischer Lehrpfad Einblicke in die Erdgeschichte gibt. Dann auf der B 22 über Oberviechtach, der Stadt des Dr. Eisenbart (Museum), bis Rötz. Von dort Richtung Neunburg v. Wald, vorbei am Eixendorfer Stausee (Segeln und Surfen), über Neunburg v. Wald, eine ehemalige Pfalzgrafenstadt (Burgfestspiele), weiter nach Schwarzenfeld. Auf dem Weg streifen wir den Murner See. In Schwarzenfeld auf die Autobahn A 93. Dann wie oben beschrieben. *RM*

Gasthof zur Post-Hirzinger, Söllhuben

Das Wichtigste in Kürze

Der kleine Ort Söllhuben liegt in hügeliger Landschaft zwischen Rosen-
heim und Chiemsee, nicht weit von der A 8 entfernt und mit herrlicher
Aussicht auf die Chiemgauer Berge. Das behäbige Gasthaus und
die ganz dicht dabei stehenden Kastanien schaffen eine gemütliche
Atmosphäre; dies ist vielleicht eine Erklärung für die Beliebtheit dieses
Biergartens.

Preise:	*Bier:* mittel; *Brotzeiten:* mittel; *Warme Speisen:* mittel
Öffnungszeiten:	9.30–24 Uhr, Di Ruhetag
Anschrift:	Gasthof zur Post, Endorfer Str. 13
	83083 Söllhuben, Telefon 08036/1266
Bier:	Flötzinger Rosenheim, Hirzinger-Unertl (Weißbier)
Spezialitäten:	Schweinshaxe, Schweinebraten
Spielplatz:	–
Sitzplätze:	250
Parkplatz:	Ausreichende Parkmöglichkeit

In den alten Musterregistern der Herrschaft von Aschau wird der Wirt von Söllhuben erstmals 1477 erwähnt. Seitdem – 21 Generationen lang – ist die ehemalige Tafernwirtschaft im Besitz der Familie Hirzinger. Die heutige Wirtin, Frau Hilger, trug den Mädchennamen Hirzinger! Bis 1928 diente die Wirtschaft als Poststation (»zur Post«). Das Gebäude lag an der Salzstraße günstig für Übernachtung und Pferdewechsel. Das behäbige und stattliche Gasthaus ist ein sogenannter Itakerhof, von denen heute nur noch wenige existieren.

Zum Gasthof gehört eine eigene Metzgerei, die Fleisch- und Wurstwaren für die Küche liefert. Mittags und abends kann der Gast aus der Tageskarte wählen. Sie enthält hauptsächlich deftige bayerische Gerichte. Vom Schweinebraten oder einer Haxe mit Knödel und Salat bis zum Hirschbraten mit Spätzle und Preiselbeeren wird jeder Wunsch erfüllt. Auch bei der Nachspeise (Apfel-kücherl, Pfannkuchen oder Kaiserschmarrn) bleibt die Küche typisch bayerisch. Am Vormittag und ab 14 Uhr gilt die Brotzeitkarte, die sowohl kalte Brotzeiten wie Ripperl, Preßsack oder Wurstsalat anbietet als auch warme mit allen Arten von Würsten. Für die kleinen Gäste gibt es verschiedene Kinderteller zur Auswahl.

Übrigens kann man von der kleinen Kapelle oberhalb der Wirtschaft einen wunderbaren Ausblick auf die Chiemgauer Berge, den Chiemsee, den Simssee und Rosenheim genießen. Insgesamt sind 22 Kirchtürme zu sehen!

Der Weg Von der A 8 Ausfahrt Achenmühle bis kurz vor Frasdorf, dann abbiegen nach Rosenheim, nach 5 km folgt Söllhuben.

Sehenswertes **St. Jakobus, Urschalling** (10. Jh.; bedeutende Fresken aus dem 12.–14 Jh.); **Schloß Herren-chiemsee** (19. Jh., nach dem Vorbild Versailles gestaltet); **Fraueninsel**; **Klosterkirche St. Maria** (16. Jh., Fresken, Hochaltar)

Reizvolle Wege Bereits die empfohlene Kurzanfahrt verläuft auf landschaftlich reizvoller Strecke. Von Söllhuben führt sie über Riedering und am Ostufer des Simssees entlang bis Mauerkirchen und Rimsting am Chiemsee. Dieser bei Motorradfahrern sehr beliebte Weg ist eine interessante Möglichkeit, auf Nebenstraßen zum Chiemsee zu gelangen. Eine weitere reizvolle Verbindung besteht von Söllhuben über Parnsberg, Farnach, Atzing nach Urschalling und Prien; sie verläuft teilweise auf gut ausgebauter Schotterstraße.

EvP

Gasthaus Weilachmühle, Thalhausen

Das Wichtigste in Kürze

Am Ortsrand des Dorfes Thalhausen im Weilachtal gelegen; teils schattige, teils sonnige Sitzplätze (da Bäume noch nicht riesig). Bei Getränken Selbstbedienung, bei Brotzeiten und Speisen Bedienung; Mitgebrachtes kann verzehrt werden.

Preise: *Bier:* günstig; *andere Getränke:* günstig bis mittel; *Brotzeiten:* mittel; *Warme Speisen:* günstig bis mittel
Öffnungszeiten: Fr, Sa 18–23 Uhr; So 10.30–23 Uhr
Anschrift: Gasthaus Weilachmühle, Am Mühlberg 5 85250 Thalhausen, Telefon 08254/1711
Bier: Müllerbräu Pfaffenhofen
Spezialitäten: Bayerische warme Gerichte (Schweinebraten, Boeuf la mode) und Süßspeisen (Rhabarber- und Topfenstrudel, auszogene Kücherl)
Spielplatz: Keine Spielgeräte, aber große, eingezäunte Hof- und Rasenfläche und angrenzendes Haustiergehege
Sitzplätze: 200
Parkplatz: Ausreichende Parkmöglichkeit

Der Biergarten Weilachmühle kann zwar nicht mit riesigen alten Baumkronen glänzen, aber das Besondere an ihm sind das stilvolle Ambiente des Anwesens und der liebevoll angelegte und gepflegte Garten. Wirt Bertie Well (aus der bekannten Well-Familie, „Biermösl Blosn») hat vor mehr als 10 Jahren die ehemalige Mühle mit Bauernhof erworben und mit großem Engagement und Stilgefühl um- und ausgebaut. Das Stallgebäude mit seinen alten Gewölben beherbergt einen Saal mit 230 Sitzplätzen, in dem vom klassischen Konzert über Kabarett bis zum Volkstanz jede Art von Veranstaltung stattfindet. Bei schönem Wetter gastieren Jazzbands oder andere Musikgruppen im Biergarten. Außer den üblichen kalten Brotzeiten umfaßt das Speisenangebot viele warme bayerische Gerichte, wie z.B. Schweinebraten, Boeuf la mode, Wild und Fischgerichte sowie eine vegetarische Mahlzeit; zu den warmen Gerichten wird immer ein frischer, knackiger Salat serviert; es gibt ausgezeichnete Süßspeisen, wie z.B. Rhabarber- und Topfenstrudel, Apfelkücherl und „Auszogene». Für Kinder gibt es Wiener Schnitzel, den kleinen Schweinebraten sowie Spätzle oder Knödel mit Soße.

Der Weg
Von der A 8 Ausfahrt Dasing oder der A 9 Ausfahrt Langenbruck auf der B 300 bis Aichach-Süd, von dort 5 km in Richtung Dachau bis Xyger; dann Wegweiser nach Thalhausen folgen.

Sehenswertes
Barockkirche Maria Birnbaum (C. Pader 1661) bei Sielenbach; Barockkirche St. Alto (J. M. Fischer 1773); Romanische Basilika St. Peter, Petersberg bei Erdweg.

Reizvolle Wege
Wer mehr Zeit hat, sollte die A 8 in Adelzhausen verlassen und die weniger befahrene Straße über Tödtenried nach Sielenbach wählen. Hier liegt die sehenswerte Barockkirche Maria Birnbaum. Abzweigen nach Wollomoos und von dort durch das Weilachtal nach Thalhausen. Rechts von der Straße verschwindet das Flüßchen in den mit Schilf bestandenen Feuchtflächen, die uns bis Thalhausen begleiten. Als Rückweg zur A 8 bietet sich an: Altomünster (Barockkirche St. Alto), Petersberg bei Erdweg (Romanische Basilika), Sulzemoos – A 8.   EvP

Maria Birnbaum

Wochinger Brauhaus, Traunstein

Das Wichtigste in Kürze

Auf dem Brauereigelände im Zentrum von Traunstein gelegen, überrascht dieser Biergarten durch seine angenehme Atmosphäre. Die locker stehenden Kastanien und Eichen lassen die Sonne in den Garten und beschatten nur die Hälfte der Sitzplätze. Bei Brotzeiten und dem warmen Buffet Selbstbedienung, bei Getränken Bedienung. Mitgebrachtes darf verzehrt werden.

Preise:	*Bier:* mittel; *Brotzeiten:* mittel; *Warme Speisen:* mittel
Öffnungszeiten:	10–24 Uhr, außer Mo
Anschrift:	Wochinger Brauhaus-Brauereigaststätte, Oswaldstr. 4 83278 Traunstein; Telefon 0861/3045
Bier:	Wochinger Brauhaus: Hefe Weisse, Urtrunk, Pils und Dunkel
Spezialität:	Aufläufe jeder Art
Spielplatz:	Kleiner Spielplatz am Rande des Biergartens mit Schaukel und Rutschbalken
Sitzplätze:	400
Parkplatz:	Ausreichende Parkmöglichkeit

Dieser Biergarten bezieht seinen Charme aus der parkähnlichen Anordnung der Bäume, den stilvoll renovierten Gebäuden (frühere Pferdeställe) und der lockeren Bestuhlung mit runden und rechteckigen Brauereitischen. Alles wirkt sehr harmonisch und gekonnt.

Daß hier weiter gedacht wurde, zeigt sich auch im Speisenangebot: Bis 17 Uhr gilt die Brotzeitkarte (Schiefertafel) mit Suppen, kaltem Braten, verschiedenen Würstln und dem üblichen Brotzeitangebot.

Das Salatbuffet steht den ganzen Tag bereit, und ab 17 Uhr öffnet das warme Buffet mit täglich wechselnden Aufläufen, mit Fleisch und einer vegetarischen Variante.

Die angebotenen Biere kommen auf dem kürzesten Wege und ganz frisch in den Krug: Sie werden direkt aus dem Brauereikeller gezapft. Der Wochinger Urtrunk, ein unfiltriertes und deshalb naturtrübes Bier, dem man heilende Kräfte nachsagt, ist die Spezialität des Hauses.

| Der Weg | Von der A 8 Ausfahrt Bergen über Vachendorf, Haslach (ca. 5 km) |

Sehenswertes Frühbarocke **Salinenkapelle St. Rupertus und Maximilian** in Traunstein (1630 – Hans Knig; Fresken aus dem 17 Jh.); **Stadtplatz** in Traunstein (reicht in die gotische Zeit zurück; nach Stadtbränden prägte barockisierender Stil diesen Platz); **Heimathaus Traunstein** (Modell der Stadt, u.a. Vor- und Frühgeschichte, Kultur des Chiemgau, Salzgewinnung), geöffnet: Di–Sa 14–15.30 Uhr, So 10.30, jeweils mit Führung; **Naturkundemuseum Siegsdorf** (Mammutskelett), offen: Mo–So 10–18 Uhr.

Reizvolle Wege Von der Ausfahrt Traunstein/Siegsdorf der A 8 nehmen wir die sogenannte Blauewand-Straße durch die Auwälder entlang der Traun am Fuße des Hochberges bis Traunstein. Kurz nach Siegsdorf vereinigen sich Weiße und Rote Traun in der Spitzau. Wer Zeit hat, sollte sich die kurze Wanderung dorthin gönnen.

Zum Hochberg (775 m), einem Wald- und Wiesenbuckel mit guter Aussicht auf die Berge und Traunstein, gibt es mehrere Wanderwege und eine Fahrstraße bis nach Siegsdorf.

Auf dem Rückweg zur A 8 fahren wir bis Erlstätt in Richtung Chiemsee/Seebruck, dann zweigen wir ab nach Grabenstätt zur A 8. Auf halbem Weg, bei Marwang, liegt der Tüttensee, ein kleiner, von Wald umgebener Moorsee, in dem es sich herrlich schwimmen läßt.

EvP

Schloßwirtschaft Maxlrain, Tuntenhausen-Maxlrain

Das Wichtigste in Kürze

Das märchenhafte Renaissanceschloß Maxlrain ist die historische Kulisse für diesen von 500jährigen Linden und Eichen beschatteten Biergarten. Bei Brotzeiten, warmen Gerichten und Getränken Bedienung.

Preise:	*Bier:* gehoben; *Brotzeiten:* gehoben; *Warme Speisen:* gehoben
Öffnungszeiten:	10–24 Uhr, Mo ab 15 Uhr und Di Ruhetag (14 Tage Ende August geschlossen)
Anschrift:	Schloßwirtschaft Maxlrain, Freiung 1, 83104 Tuntenhausen-Maxlrain, Tel 08061/8342
Bier:	Schloßbrauerei Maxlrain
Spezialitäten:	Bayerische Brotzeiten, bayerische und gehobene Küche, wechselnde Karte
Spielplatz:	Einfache Schaukel
Sitzplätze:	180
Parkplatz:	Ausreichende Parkmöglichkeit

64

Der Biergarten der Schloßwirtschaft Maxlrain ist nicht riesig, aber er liegt wunderschön zwischen der Schloßwirtschaft und dem Schloßgarten. Durchs eiserne Portal eröffnet sich der Blick auf den Hauptteil des Schlosses, das rechts und links von einem Turm beflankt wird. 500jährige Linden und Eichen spenden an heißen Tagen wohltuenden Schatten.

Das Speisenangebot läßt sich in drei Bereiche teilen: Bayerische Brotzeiten und Würstl, eine wechselnde Tageskarte mit verschiedenen Suppen und gutbürgerlichen Gerichten, aber auch Spaghetti bolognese oder hausgemachte Lasagne sind zu bekommen. Als Abschluß gibt es Varianten mit Eis und Früchten. Abends bietet die Küche eine gehobene Speisekarte mit »neuer bayerischer Küche«; u.a. warten Gerichte vom Grill, Lammrücken Provencal und mehrere Fischgerichte auf den Feinschmecker.

Der Weg

Von der A 8 Ausfahrt Irschenberg auf Nebenstraßen über Aufham und Schwamham nach Götting und Willing. Von dort in Richtung Grafing, nach ca. 3 km Maxlrain.

Sehenswertes

Schloß Maxlrain (16. Jh.; Kapelle, Johann Baptist Zimmermann); **Wallfahrtskirche Weihenlinden** bei Högling-Bruckmühl (1633, Valentin Steyrer; Hauptaltar mit Gnadenkapelle, 1761; Arkadengang mit Fresken); **Wallfahrtskirche Mariä Himmelfahrt**, Tuntenhausen (1628–30; Renaissance-Hochaltar mit Gnadenbild, 1550); **Stiftskirche Beyharting** (1132; 1730, Johann Baptist Zimmermann; vierflügeliger Kreuzgang).

Reizvolle Wege

Wer Zeit hat und den Biergartenbesuch »geläutert« angehen möchte, dem empfehlen wir, über die Wallfahrtskirche Weihenlinden nach Maxlrain zu fahren: Den Weg wie oben beschrieben nehmen, aber von Götting nach Bruckmühl fahren und von dort in Richtung Bad Aibling, nach ca. 3 km links dem Wegweiser nach Högling folgen (kleine Straße). Ganz in der Nähe befindet sich, fast in Bäumen versteckt, die sehenswerte Wallfahrtskirche mit einem äußeren Arkadengang, in dem Fresken im Stil von Votivtafeln über zuteilgewordene Hilfe berichten. Von hier sind es durch den Wald nur 3 km bis Maxlrain. Um das Schloß und den 140 ha großen Golfplatz gibt es einen reizvollen Rundwanderweg, den man in einer Stunde bewältigen kann. Ein schön angelegter Radweg führt von hier nach Bad Aibling. Die sehenswerten Kirchen in Beyharting und Tuntenhausen erreicht man von Maxlrain auf Nebenstraßen.

EvP

Härings Wirtschaft, Tutzing

Das Wichtigste in Kürze

In Tutzing am Westufer des Starnberger Sees liegt der Biergarten von Härings Wirtschaft. Man sitzt hier unter großen Laubbäumen am See. Alles Selbstbedienung.

Preise:	*Bier:* gehoben; *Brotzeiten:* gehoben; *Warme Speisen:* gehoben
Öffnungszeiten:	11–23 Uhr
Anschrift:	Härings Wirtschaft, Midgardstraße 3–5 82327 Tutzing, Telefon 08158/1216
Bier:	Augustiner Bräu; Erdinger Weißbier
Spezialitäten:	Spare Ribs, Obatzda, Steckerlfisch
Spielplatz:	Öffentlicher Spielplatz in der Nähe
Sitzplätze:	300
Parkplatz:	75

Gleich neben der Terrasse von Härings Wirtschaft mit gehobenem Angebot befindet sich der unter gleicher Leitung stehende Tutzinger Biergarten. Hier sitzt man mit Blick auf Badestrand, den See und vorbeiziehende Segelboote. Bei guter Fernsicht bekommt man den grandiosen Blick auf die Alpen dazu. Das Biergartenangebot zum Selberholen umfaßt die ganzen klassischen Brotzeiten wie Obatzda, verschiedene belegte Brote sowie herzhafte Salate. Wer etwas Warmes essen möchte, kann sich mit Weißwurst oder Steckerlfisch vom Holzkohlengrill stärken. Auch Kaffee im Haferl und verschiedene Kuchen aus eigener Backstube sind zu haben. Wer aber Lust hat, sich einen der fein zubereiteten Fische (große Auswahl!), ein Original T-Bone-Steak, Steirisches Wurzelfleisch mit frisch geriebenem Meerrettich oder ein knuspriges Niederbayerisches Entenbrüsterl zu gönnen, der kann sich auf die große Terrasse von Härings Wirtschaft setzen und sich dort bedienen lassen. Es lohnt sich auch, eine der köstlichen Mehlspeisen zu verzehren.

Der Weg

Von der A 95 Ausfahrt Seeshaupt über Seeshaupt und Bernried bis Tutzing.

Sehenswertes

In **Tutzing: Schloß** (16. Jh.) und **Schloßpark** (1870 umgestaltet von Karl Effner, Evangelische Akademie); Ilkahöhe 126 m ü.d. Starnberger See (herrliche Aussicht); in **Weilheim: Marienplatz** mit Mariensäule (17. Jh.); Pfarrkirche Mariä Himmelfahrt (1624–28, Bartholomäus Steinle); **Museum des Pfaffenwinkels** (Weilheimer Künstler von Spätgotik bis Rokoko); offen: Sa–Do 10–12 und 14–17 Uhr); **Wessobrunn Benediktinerkloster** (753; 1260 romanisch aufgebaut; 1680–1758 Johann Schmuzer; Fürstentrakt; Tassilosaal; Pfarrkirche St. Johannes, 1758, Fam. Schmuzer).

Reizvolle Wege

Reizvoll und abwechslungsreich ist die Umrundung des 20 km langen Würmsees zu Fuß oder mit dem Radl. Der größte Teil der Ostufer-Straße, auch bekannt als König-Ludwig-Weg, ist für den motorisierten Verkehr gesperrt. Ein besonderes Erlebnis ist auch ein Spaziergang auf der Roseninsel bei Feldafing. Die schon in römischer Zeit besiedelte kleine Insel erreicht man mit Kahn und »Gondoliere«. Die Bilderbuchlandschaft zwischen Starnberger- und Ammersee ist durchzogen von vielen reizvollen Wegen mit unzähligen markanten Aussichtspunkten. Hier finden Tourenfahrer eine gute Mischung aus faszinierender Landschaft und schönen Kurven!

EvP

Waldrestaurant Maxlmühle, Valley

Das Wichtigste in Kürze

Auf 250 Jahre bewegte Geschichte kann die Maxlmühle zurückblicken.
Nur wenige Minuten von der Autobahn im romantischen Tal der Mangfall
gelegen, sitzt man unter Kastanien und Sonnenschirmen am Fluß. Bei
Speisen und Getränken Bedienung.

Preise:	*Bier:* gehoben; *Brotzeiten:* gehoben; *Warme Speisen:* gehoben
Öffnungszeiten:	10–24 Uhr; Mi und Do Ruhetag
Anschrift:	Maxlmühle, 83626 Valley, Telefon 08020/1772
Bier:	Oberbräu Holzkirchen
Spezialitäten:	Hausgeräucherte Forellen, Wildgerichte, riesige Schinkenauswahl
Spielplatz:	–
Sitzplätze:	130
Parkplatz:	Ausreichende Parkmöglichkeit

Im wildromantischen Mangfalltal liegt das Waldrestaurant Maxlmühle. Direkt an der alten Salzstraße von München nach Tirol und Salzburg gelegen, diente es schon vor 250 Jahren als Station zum Pferdewechsel. Heute ist die Maxlmühle ein von Einheimischen und Münchnern gern besuchtes Gasthaus.

Wer die Sonne liebt, kann auf der direkt über der Mangfall gelegenen Terrasse sitzen; im schattigen Biergarten nimmt man unter alten Bäumen oder Sonnenschirmen Platz.

Die Küche von Familie Fritzsche kann man als gut bayerisch und österreichisch-böhmisch mit schwäbischem Akzent bezeichnen. Besonders beliebt sind die hausgeräucherten Forellen, die Wildgerichte und die riesige Auswahl an Schinken aller Art. Vom Niederbayerischen Geräucherten über Schwarzwälder und Westfälischem Schinken bis zum italienischen Parmaschinken reicht die Karte. Aber sogar Elchschinken, finnischer Rentierschinken und Löwenschinken sind zu haben. Natürlich gibt es auch eine große Brotzeitkarte und diverse Käse. Die kleinen Gäste werden mit Butterspätzle mit Rahmsauce oder paniertem Schnitzel mit Pommes verwöhnt. Zum Abschluß werden verlockende Nachspeisen angeboten.

Der Weg

Von der A 8 Ausfahrt Weyarn, dann Richtung Holzkirchen, anschließend unter der Mangfallbrücke rechts, Wegweiser »Maxlmühle« folgen.

Sehenswertes

St. Peter und Paul, Weyarn (1687–93, Lorenz Sciasca, Johann Baptist Zimmermann, Ignaz Günther); Aussichtspunkt **Weyarner Linde.**

Reizvolle Wege

In der Nähe der Maxlmühle, auf dem von der Mangfall ansteigenden Moränenrücken, gibt es den bekannten Aussichtspunkt Weyarner Linde mit herrlichem Blick auf die Chiemgauer und Ammergauer Berge und bis nach München. Von der Maxlmühle aus überquert man zunächst die Mangfall über einen Holzsteg, steigt auf zum Bauernhof Berg (herrliche Aussicht) und weiter nach Standkirchen und zu dem mit einem weiß-blauen Mast gekennzeichneten Aussichtspunkt (ca. 45 Minuten). Radfahrer, die mehr vom Mangfalltal und der reizvollen Landschaft um den Taubenberg sehen möchten, können von Weyarn über Mühltal bis Müller am Baum fahren und von hier aus das Gebiet zwischen Wall-, Warngau und Taubenberg kennenlernen (Plateau mit über 100 verstreut liegenden Bauernhöfen in reizvoller Landschaft).

EvP

Schloß Hallburg, Volkach

Das Wichtigste in Kürze

Mitten im fränkischen Weingebiet ein Biergarten? Die Hallburg ist alles:
ein Bier- und Weingarten, ein Schloß, ein Gasthof, eine Weinstube, ein
Festsaal, eine Jazz-Kneipe, eine Insel für Maler. Sie bietet Essen und
Trinken vom Feinsten, gehobene und auch bodenständige Regional-
küche. Der Jazz-Frühschoppen am Sonntagmorgen im Garten unter
Kastanien, Linden und Akazien, Musik aus New Orleans und Sonne über
dem Frankenland – das ist Lebensfreude pur. An den Biertischgarnituren
Selbstbedienung, an den Tischen im gepflasterten Bereich mit Bedienung.

Preise:	*Bier:* mittel; *Brotzeiten:* mittel; *Warme Speisen:* mittel
Öffnungszeiten:	Mai–Sept. Mo–Sa ab 11 Uhr, So u. Feiertage ab 10.30 Uhr
Anschrift:	Schloß Hallburg, 97332 Volkach, Telefon 09381/2340
Bier:	Kauzen Pils, Erdinger
Wein:	Ausgesuchte Frankenweine
Spezialität:	Fränkische gehobene Küche
Spielplatz:	Vorhanden
Sitzplätze:	500
Parkplatz:	Ausreichende Parkmöglichkeit

Schloß Hallburg – von allen, die sie kennen, einfach »die Hallburg« genannt – liegt südlich von Volkach über der Mainschleife. Die Hallburg ist über 400 Jahre alt. Erbaut als Schutzburg, hat sie nach wechselvoller Geschichte wieder zu ihrer Bestimmung gefunden: als Schutzburg vor Lärm und unfreundlichen Mitmenschen. Am Sonntagmorgen beim Jazz-Frühschoppen auf der Hallburg kann man den Arbeitsalltag abstreifen. Musik, Sonne, Bier, Wein, die Brotzeit, die quirlige Wirtin, der genußtaugliche Wirt, der Blick in die Weinberge – das ist die Hallburg. Die Küche ist gehoben regional, den Jahreszeiten folgend, aber auch fränkisch bodenständig. Dort, wo der Garten gepflastert ist, wird man freundlich bedient, bei den Biertischgarnituren holt man sich seine Brotzeit und Getränke selbst. Viele Gäste lassen ihr Auto schon auf der anderen Seite beim Gutshof stehen. Der Weg zu Fuß durch die wunderschöne Kastanienallee hinüber zur Hallburg läßt den ersten Schluck noch schöner werden.

Der Weg Von der Autobahn A 3 Ausfahrt 74 Kitzingen/ Schwarzach über Sommerach Richtung Volkach, vor Volkach links ab, dann noch ca. 3 km.

Sehenswertes **Münster Schwarzach**; **Volkach** mit dem Rathaus; **Vogelsburg** (traumhafter Blick in die Mainschleife, auf Escherndorf, Nordheim, die Hallburg und die Wallfahrtskirche Maria im Weingarten mit Riemenschneider-Madonna); **idyllische Weinorte** am Main.

Reizvolle Wege Von der Autobahn A 3 Ausfahrt 75 Wiesentheid geht es auf der Landstraße (nicht B 286!) nach Wiesentheid. In Wiesentheid sehen wir das Schloß mit Kirche, die von Balthasar Neumann entworfen wurde. Dann geht es nach Prichsenstadt: eine Fachwerkstadt wie aus dem Bilderbuch, urfränkisch. Von dort fahren wir nach Gerolzhofen mit seinen Türmen, der Kirche »Santa Maria Rosario« und dem Heimatmuseum. Unweit erhebt sich der Zabelstein, der höchste Berg im Steigerwald, mit Aussichtsturm und Burgruine. Von Gerolzhofen nach Sommerach zur Hallburg.

RM   *Schloß Hallburg*

Landgasthof Buchner, Welchenberg

Das Wichtigste in Kürze

In dem kleinen beschaulichen Biergarten spenden 250jährige Kastanien den ersehnten Schatten. Die Tische sind alle hübsch eingedeckt, wie es dem gehobenen Anspruch eines Landgasthofes ansteht. Die Karte bietet von Brotzeiten bis zur gehobenen Regionalküche für jeden etwas. Tischreservierung bei schönem Wetter wird empfohlen.

Preise:	*Bier:* mittel; *Brotzeiten:* mittel; *Warme Speisen:* gehoben
Öffnungszeiten:	Mi–So 11–1 Uhr, Mo und Di Ruhetage
Anschrift:	Landgasthof Buchner
	94559 Niederwinkling-Welchenberg, Telefon 09962/730
Bier:	Schloßbrauerei Irlbach
Spezialitäten:	Wallergröstl, delikate Nachspeisen
Spielplatz:	–
Sitzplätze:	100
Parkplatz:	Ausreichende Parkmöglichkeit

Zwischen Schwarzach und Deggendorf, wo die Berge und Erhebungen des oberen Bayerischen Waldes hinabschwingen ins Tal der Donau, liegt Welchenberg. Ein idyllisches Dörfchen mit einem halben Dutzend Häusern und einem Wirtshaus, einem Landgasthof im besten Sinne des Wortes. Im Biergarten an der alten Ortstraße stehen mächtige Kastanien, die den beschaulichen Garten mit ihren Ästen schützend umfassen. Sie geben Geborgenheit für einen kühlen Trunk und eine erholsame Einkehr, fern der Umtriebigkeit eines großen Biergartens. Die Tische sind alle hübsch eingedeckt, um den Feinheiten aus der Küche den passenden Rahmen zu geben. Die Karte beschränkt sich auf wenige Gerichte, die aus frischen, meist heimischen Produkten zubereitet werden. Das Wallergröstl oder die gebratenen Täubchen, danach vielleicht frische Feigen in Weinteig mit Vanillesauce, der kühle Schatten, die Ruhe, die Freude am Essen, das erfrischende Getränk ergeben eine Harmonie, die die Zeit vergessen läßt.

Der Weg

Von der Autobahn A 3 Regensburg–Passau Ausfahrt 108 Niederwinkling nach Bogen, rechts abbiegen nach Welchenberg.

Sehenswertes

Benediktinerkirche Oberalteich (Barockkirche, 16. Jh.); spätgotische **Wallfahrtskirche in Bogenberg** (14. Jh.); **Klosterkirche in Windberg**, ein Kleinod des Rokoko; **Kloster Metten** bei Deggendorf, Klosterbibliothek. Auf dem nahegelegenen **Hirschenstein** (1095 m) steht ein Aussichtsturm.

Reizvolle Wege

Von Regensburg auf der B 8 nach Straubing, dann nach Straßkirchen. Dort biegen wir links ab nach Stephansposching über Irlbach. In Stephansposching setzen wir mit der Fähre nach Mariaposching über die Donau, über Loham und Asbach fahren wir nach Welchenberg. Zurück fahren wir links der Donau über Bogen, Parkstetten, Wörth a.d. Donau und Kruckenberg nach Regensburg.   *RM*

Ein Landgasthof im besten Sinne des Wortes

Talavera Schlößle, Würzburg

Das Wichtigste in Kürze

Das Talavera Schlößle gehört zu den wiedererstandenen Wirtschaften mit Biergarten. Es liegt nur einen Steinwurf vom Main entfernt. Zum Biergarten gehört eine Brotzeitstation und ein Ausschank draußen sowie ein schöner Baumbestand aus Kastanien und Eichen. Unter dem Motto »Musik-Treff im Talavera Schlößle« werden von Mai bis Sept. zahlreiche Musikveranstaltungen geboten, die zum Saisonende mit einem Winzerfest beendet werden.

Preise:	*Bier:* mittel; *Brotzeiten:* mittel; *Warme Speisen:* mittel
Öffnungszeiten:	Mo–Sa 14–24 Uhr, So und Feiertage 11–24 Uhr
Anschrift:	Talavera Schlößle, Talavera Platz
	97082 Würzburg, Telefon 0931/416999
Bier:	Würzburger Hofbräu
Spezialität:	Fränkische Brotzeiten
Spielplatz:	Vorhanden
Sitzplätze:	1000
Parkplatz:	Großer Parkplatz

Das Talavera Schlößle steht unter Denkmalschutz. Es ist das einzig verbliebene Gebäude eines ehemaligen Gutes, das zur Versorgung des fürstbischöflichen Hofes diente. Kaiser Napoleon übereignete es nach seinem Einmarsch Anfang des 18. Jh. einem spanischen Offizier aus seinem Gefolge, jenem Talavera, der das Gut zur Versorgung der französischen Truppen weiterführte – heute ist ein ganzer Stadtteil Würzburgs nach ihm benannt. Nach wechselhafter Geschichte ist aus dem einstigen Gut eine Gastwirtschaft mit Biergarten geworden.

Das Talavera Schlößle ist ein richtiger Biergarten mit Brotzeitstation und Ausschank draußen. Es gibt Bedienung und Selbstbedienung. Von fränkischen Brotzeiten über die allgegenwärtige Bratwurst bis zum Schweinebraten und Käse werden viele Gerichte angeboten. Ein umfangreiches Musikprogramm von Mai bis Sept. bietet für Freunde des Jazz, der Oldies und Rockmusik etwas. Der Eintritt zu allen Musikveranstaltungen ist frei. Den Abschluß des Musikprogramms bildet ein großes Winzerfest im Talavera Garten.

Der Weg Von der Autobahn A 3 Nürnberg–Frankfurt Ausfahrt 69 Würzburg-Kist Richtung Würzburg; in Höchberg linke Spur nehmen Richtung Stadtmitte, über Höchberger Straße, Wörthstr. und Luipoldstr. zur Friedensbrücke, vor der Brücke links. Ein paar hundert Meter weiter liegt links der Biergarten.

Sehenswertes **Festung Marienberg** mit dem Mainfränkischen Museum; **Residenz**, eines der monumentalsten Barockbauwerke (miterbaut von Balthasar Neumann, die Fresken von Tiepolo); Kirchen der Stadt: der **Dom** (Werke von Riemenschneider), die **Hofkirche, Stift Haug**, das **Neumünster**, **St. Peter**, die **Marienkapelle** am Markt, das **Käppele** auf dem Nikolausberg (Neumann 1747–50); **Bürgerspital** und **Juliusspital**.

Reizvolle Wege Von der Autobahn A 3 Nürnberg–Frankfurt nehmen wir die Ausfahrt 75 Wiesentheid und fahren nach Rüdenhausen und weiter nach Iphofen, der Bocksbeutelstadt mit dem Rödelseer Tor. Von Iphofen fahren wir auf der B 8 nach Kitzingen. Von Kitzingen aus hat sich der fränkische Weinbau entwickelt. Ab Kitzingen folgen wir nun dem Main von einem fränkischen Weindorf zum anderen: über Sulzfeld a.M., Frickenhausen, Ochsenfurt, Sommerhausen, Eibelstadt und Randersacker nach Würzburg.

RM

Das Wichtigste in Kürze

Der größte und auch schönste Biergarten in der Stadt Würzburg, die mit Biergärten reich gesegnet ist. Der Hofbräukeller liegt leicht am Hang, alte Kastanien und Linden geben Schatten für den gepflegten Garten und laden ein zur Rast. Das Bier vom Faß läuft gut, die Brotzeiten schmecken gut. Es gibt Bedienung und Selbstbedienung. Ausschank und Essenstheke sind gerüstet für einen vollen Biergarten.

Preise:	*Bier:* mittel; *Brotzeiten:* mittel; *Warme Speisen:* mittel
Öffnungszeiten:	10–23 Uhr
Anschrift:	Würzburger Hofbräukeller, Höchberger Straße 28
	97082 Würzburg, Telefon 0931/42970
Bier:	Würzburger Hofbräu
Spezialitäten:	Grillgerichte
Spielplatz:	Vorhanden
Sitzplätze:	1800
Parkplatz:	Ausreichende Parkmöglichkeit

Schon zur Frühschoppenzeit gut besucht, werden an den Stammtischen deutlich fränkisch die neuesten Würzburger Nachrichten verbreitet und das Geschehen in der restlichen Welt diskutiert. Der Neuankömmling wird kurz begutachtet und bei Wohlgefallen ermuntert, sich auch zu äußern. Man bekommt die wichtigen Tips, was Bierkultur und Essen anbelangt:

Das Dunkle muß man unbedingt probieren und natürlich das Helle, die Bratwurst anstelle der Weißwurst; ein gekochtes Ochsenfleisch macht sich auch gut. Ja, natürlich gibt es von der Grillstation die besten Schmankerl, aber nicht jetzt, erst am Nachmittag, und das könnte man hier unter den mächtigen Kastanien und Linden schön kühl im Schatten bequem abwarten. Doch, die Frauen kommen dann nach dem Einkauf auch, die gehen aber nach der Brotzeit wieder, denn schließlich ist zu Hause auch noch was zu tun. Nein, nicht jeden Samstag ist man hier, nur wenn die Sonne so herrlich scheint und es draußen einfach zu warm ist. Ja, alle sind hier, weil der Wirt wirklich prima kocht und das Hofbräu lange lagert, sauber temperiert und gut einschenkt. Aber das sollte man in der Zwischenzeit wohl selbst bemerkt haben.

Der Weg
Von der Autobahn A 3 Nürnberg–Frankfurt Ausfahrt 69 Würzburg-Kist Richtung Würzburg; in Höchberg linke Spur nehmen; dann Richtung Stadtmitte; die Höchberger Straße bergab fahren; fast am Ende liegt links die Einfahrt zum Biergarten.

Sehenswertes
Festung Marienberg mit dem **Mainfränkischen Museum**; **Residenz**, eines der monumentalsten Barockbauwerke (Balthasar Neumann; Fresken von Tiepolo); **Dom** (Werke von Riemenschneider), **Hofkirche**, **Stift Haug**, **Neumünster**, **St. Peter**, **Marienkapelle** am Markt, **Käppele** auf dem Nikolausberg (Neumann 1747–50); **Bürgerspital** und **Juliusspital.**

Reizvolle Wege
Von der Autobahn A 3 Nürnberg–Frankfurt Ausfahrt 75 Wiesentheid Richtung Rüdenhausen, dann weiter nach Iphofen, der Bocksbeutelstadt mit dem schönen Rathaus und dem Rödelseer Tor. Von Iphofen auf der B 8 nach Kitzingen. Von hier aus hat sich der fränkische Weinbau entwickelt (ältester Weinkeller). Ab Kitzingen folgen wir nun dem Main Richtung Würzburg von einem fränkischen Weindorf zum anderen: Sulzfeld a.M., Frickenhausen, Ochsenfurt, Sommerhausen, Eibelstadt und Randersacker. Wer Würzburg umfahren will, um zum Biergarten zu gelangen, fährt bei Randersacker auf die A 3. Dann wie oben beschrieben. *RM*

Weitere empfehlenswerte Biergärten

Gasthof Behringer
97355 Abtswind
Tel. 09383/2675

Waldschänke Friedrichsberg
97355 Abtswind
Tel. 09383/2693

Waldgaststätte Otterbachtal
93177 Altenthann
Tel. 09408/555

Bruckmüller
Vilsstraße 2
92224 Amberg
Tel. 09621/12147

Klosterhof St. Benedikt
Hauptstraße 52
94094 Asbach
Tel. 08533/1859

Hofgarten
Hofgartenstraße 1
63739 Aschaffenburg
Tel. 03021/22188

St.-Georgen-Bräu-Keller
96155 Buttenheim
Tel. 09545/8145

Unterwirt
Hauptstraße 32
83339 Chieming
Tel. 08664/551

Brauereigaststätte Röhrl
Regensburgerstraße 3

93161 Eilsbrunn
Tel. 09404/2112

Biergarten Fahrradmuseum
Zumhaus
91555 Feuchtwangen
Tel. 07950/549

Walkmühle
91555 Feuchtwangen
Tel. 09852/67330

Waldgaststätte Plantage
Plantage 2
85354 Freising
Tel. 08161/63155

Kreuzberg-Keller
91352 Hallerndorf
Tel. 09545/4736

Burgklause Greifenstein
91332 Heiligenstadt
Tel. 09198/8995

Waldwirtschaft Hohenlindener Sauschütt
Ebersberger Forst
85664 Hohenlinden
Tel. 08124/7107

Zur Mühle
Kirchplatz 5
85737 Ismaning
Tel. 089/960930

Drei Linden
Buchenbühlerstraße 2
90562 Kalchreuth
Tel. 0911/5188479

Goldener Löwe
Alte Regensburgerstraße 18
93183 Kallmünz
Tel. 09473/380

Klosterschänke
Weltenburg
93309 Kelheim
Tel. 09441/3682

Lindenkeller
Hauptstraße 45
91356 Kirchehrenbach
Tel. 09191/94448

Gasthof zur Schleuse
Isargestade 739
84028 Landshut
Tel. 0871/28588

Räuber Kneißl
Hauptstraße 24
82216 Maisach
Tel. 08142/94210

Gutshof Menterschwaige
Menterschwaigstraße 4
81545 München-Harlaching
Tel. 089/640732

Kloster Niederalteich
Mauritiushof 2
94557 Niederalteich
Tel. 09901/7673

Auers Schloßwirtschaft
83115 Neubeuern
Tel. 08035/2669

Gasthaus Sebastian Waller
Urfahrnstraße 10
83080 Oberaudorf-Reisach
Tel. 08033/1473

Weißbräustüberl
Bräugasse 10
83119 Obing
Tel. 08624/2238

Der Bannwaldsee liegt idyllisch vor dem Ammergebirge.

Gasthaus Spitzauer
Löweneckstraße 1
93152 Penk
Tel. 09404/1428

Lindenhof
Hubmersberg
91224 Pommelsbrunn-Hubmersberg
Tel. 09154/270

Gasthof Krieger
Mariaort
93186 Regensburg
Tel. 0941/84278

Mail Keller
Schmetterer Straße 20
83022 Rosenheim
Tel 08031/33858

Bräustüberl Reutberg
Reutberg 2
83679 Sachsenkam
Tel. 08021/8686

Klosterschenke
Schyrenplatz 1
85298 Scheyern
Tel. 08441/84038

Bräustüberl Schloß Seefeld
Im Schloßhof 4
82229 Seefeld
Tel. 08151/99120

Bräu im Moos
Moos 21
84577 Tüssling
Tel. 08633/1041

Schwarzer Adler
Adelhoferstraße 1
97215 Uffenheim
Tel. 09842/98800

Alte Villa
Seestraße 32
86919 Utting/Ammersee
Tel. 08806/617

Barte-Wirt
Kreuzstraße 1
83626 Valley-Kreuzstraße
Tel. 08024/7781

Gasthof Sechssessel
94474 Vilshofen
Tel. 08541/6681

Gasthof Krug
Breitenlesau
91344 Waischenfeld
Tel. 09202/835

Schloßbiergarten Isareck
Isareck 3
85368 Wang bei Moosburg
Tel. 08761/5011

Gasthaus Butz
Kirchplatz 3
93086 Wörth/Donau
Tel. 09482/2246

Nikolaushof
Steinbachtal
97082 Würzburg
Tel. 0931/72682

Schützenhof
Mainleitenweg 48
97082 Würzburg
Tel. 0931/72422

Register